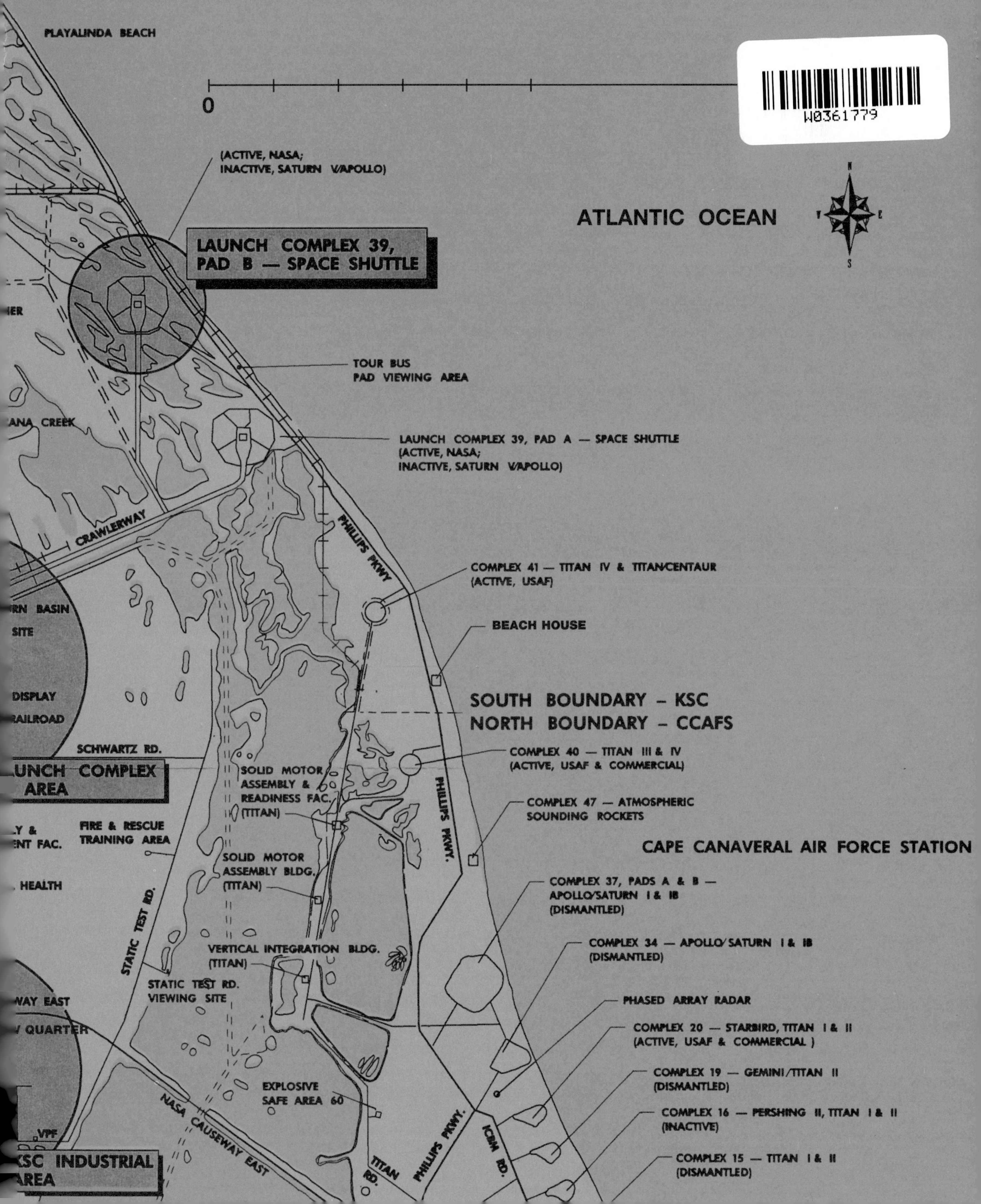
PLAYALINDA BEACH
0
ATLANTIC OCEAN
N
E
S
(ACTIVE, NASA;
INACTIVE, SATURN V/APOLLO)
LAUNCH COMPLEX 39,
PAD B — SPACE SHUTTLE
TOUR BUS
PAD VIEWING AREA
LAUNCH COMPLEX 39, PAD A — SPACE SHUTTLE
(ACTIVE, NASA;
INACTIVE, SATURN V/APOLLO)
CRAWLERWAY
PHILLIPS PKWY
COMPLEX 41 — TITAN IV & TITAN/CENTAUR
(ACTIVE, USAF)
BEACH HOUSE
SOUTH BOUNDARY - KSC
NORTH BOUNDARY - CCAFS
SCHWARTZ RD.
COMPLEX 40 — TITAN III & IV
(ACTIVE, USAF & COMMERCIAL)
SOLID MOTOR
ASSEMBLY &
READINESS FAC.
(TITAN)
PHILLIPS PKWY.
COMPLEX 47 — ATMOSPHERIC
SOUNDING ROCKETS
FIRE & RESCUE
TRAINING AREA
CAPE CANAVERAL AIR FORCE STATION
SOLID MOTOR
ASSEMBLY BLDG.
(TITAN)
COMPLEX 37, PADS A & B —
APOLLO/SATURN I & IB
(DISMANTLED)
STATIC TEST RD.
COMPLEX 34 — APOLLO/SATURN I & IB
(DISMANTLED)
VERTICAL INTEGRATION BLDG.
(TITAN)
STATIC TEST RD.
VIEWING SITE
PHASED ARRAY RADAR
COMPLEX 20 — STARBIRD, TITAN I & II
(ACTIVE, USAF & COMMERCIAL)
COMPLEX 19 — GEMINI/TITAN II
(DISMANTLED)
EXPLOSIVE
SAFE AREA 60
COMPLEX 16 — PERSHING II, TITAN I & II
(INACTIVE)
NASA CAUSEWAY EAST
PHILLIPS PKWY.
ICBM RD.
TITAN RD.
COMPLEX 15 — TITAN I & II
(DISMANTLED)
HER
ANA CREEK
RN BASIN
SITE
DISPLAY
RAILROAD
UNCH COMPLEX
AREA
Y &
ENT FAC.
HEALTH
WAY EAST
V QUARTER
VPF
KSC INDUSTRIAL
AREA

Wer einmal das Fliegen erlebt hat,
der wird auf Erden stets mit zum Himmel
gewandten Augen einhergehen –
denn dort war er
und dort wird er mit seinen Gedanken immer sein.

Leonardo da Vinci

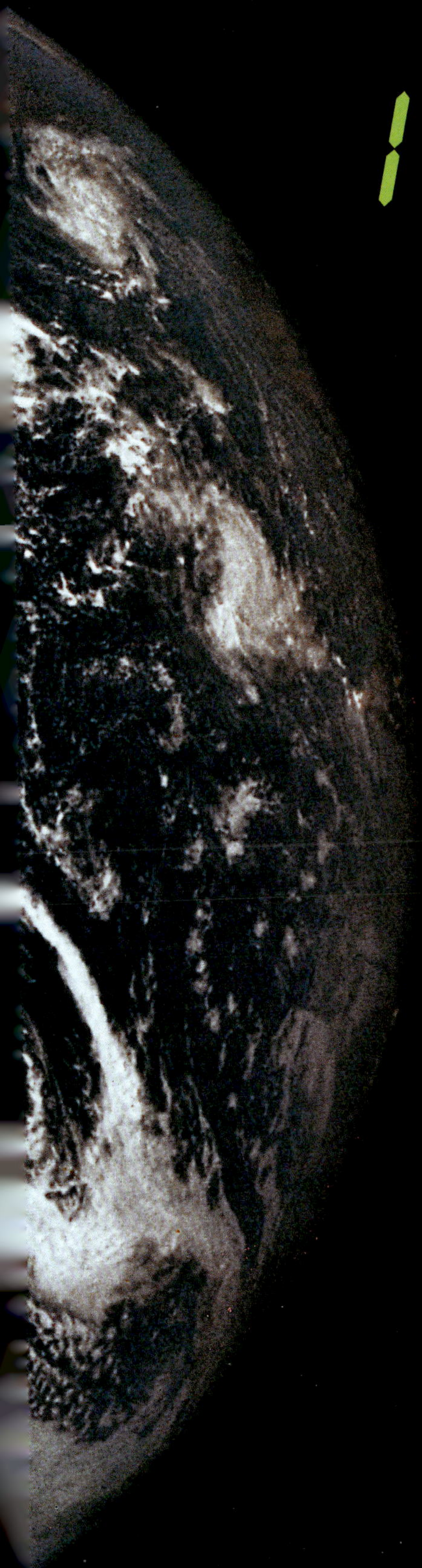

IN 90 MINUTEN UM DIE ERDE

Ulrich Walter

Mitglied der
deutschen
Space Shuttle-
Mission D-2

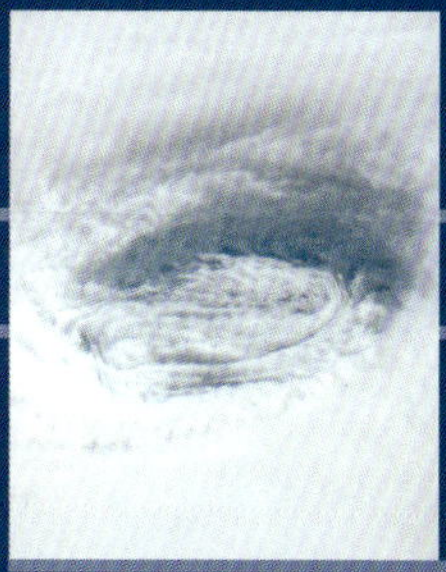

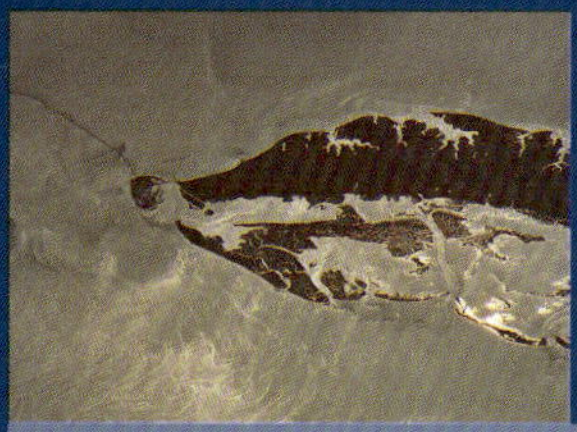

INHALT

Was Sie erwartet...

Wie ein funkelnder Edelstein präsentiert sich unsere Erde in einem brillanten Kontrast, den Farben des Lebens und der unerhörten Lebensfeindlichkeit und Schwärze des Kosmos. Eine Auswahl von mehr als hundert der schönsten Farbdias aus dem mehrere hunderttausend Bilder umfassenden NASA-Bildarchiv, dargestellt vor einem schwarzen Hintergrund – dies entspricht dem Blick aus dem Fenster des Raumschiffs auf die Erde – soll Ihnen diesen überwältigenden Eindruck so realistisch wie möglich wiedergeben.

Zu dem Erlebnis des Raumfluges gehört auch der Weg, der mitunter recht dornenreich zu diesem Ziel führt. Er beginnt bei der Auswahl zum Astronauten und führt über das Basistraining – die Grundausbildung eines Astronauten – weiter über das Training zu einer bestimmten Mission, bis schließlich zum Shuttle-Training bei der NASA.

Der Starttag: Vom Anziehen des Raumanzuges über die Fahrt zur Startrampe unter Überwachung des Polizeihubschraubers, Einstieg ins Shuttle. Woran denkt man noch? Was sind die Gefühle beim Start? Wie erlebt man das Abheben und den sicherlich eindrucksvollsten Augenblick der Mission, den Aufstieg in den Weltraum?: Ganz anders als Sie sich das vorstellen!

Sie haben es beim Überschlagen bereits bemerkt, dieses Buch soll sie entführen, auf einen Flug um unsere Erde. Das, was ein Astronaut vor und während seiner Mission erlebt, sollen auch Sie miterleben. Es geht also weniger um Daten und Fakten einer Mission, sondern um das Erlebnis eines Raumfluges.

Aber nicht nur die Faszination des Raumfluges selbst, mit dem so ganz anderen Blick auf unseren Heimatplaneten Erde, von dem alle Astronauten immer wieder berichten, sollen Sie miterleben, sondern auch die Abenteuer des Astronautentrainings vor der Mission. Sie sollen hineinversetzt werden in die emotional eindringlichsten letzten Stunden und Minuten vor dem Start und die aufregenden Eindrücke des Starts selbst. Um dabei so authentisch wie möglich zu sein, habe ich auch meine Emotionen und Empfindungen, die ich damals vor der Mission auf Band festgehalten habe, in den Text eingestreut.

Ulrich Walter – das offizielle NASA-Foto.

Sie wollten außerdem schon immer wissen:

Wie isst, schläft und wäscht man sich im Weltraum? Wie funktioniert die Toilette?
Die Lösungen sind verblüffend einfach! Bis auf die Toilette, die hat sich die NASA 24 Millionen Dollar kosten lassen!

Was beeindruckt einen Astronauten am meisten bei einem Raumflug?
Der Start, der Blick auf die Erde und das Gefühl der Schwerelosigkeit.

Verändert einen die neue Sicht der Erde aus dem All?
Weniger als Sie denken, aber mehr als Sie glauben!

Wie gefährlich ist Weltraummüll?
Nicht so gefährlich wie Sie denken. Noch nicht!

Was haben wir Menschen von der Raumfahrt?
Vergessen Sie die Teflonpfanne, die wurde bereits vor über 50 Jahren von der Firma DuPont patentiert und hat absolut nichts mit der Raumfahrt zu tun, aber Radialreifen, Taschenrechner, Akkubohrer, Quarzuhren, Fernsehsatelliten ...

Was sind die Auswahltests für einen Astronauten?
Weniger Muskeln, dafür mehr Grips!

Wie viel verdienen Astronauten?
Schauen Sie nach, Seite 167

Solche immer wieder gestellten Fragen und viele mehr werden in diesem Buch beantwortet.

...und wem es zu verdanken ist.

Das öffentliche Auge richtet sich in der Raumfahrt zu allererst auf die Astronauten. Mehr als sonstwo kristallisieren sich die Wünsche, Ängste und Erwartungen der Raumfahrt in den Menschen, die in den menschenfeindlichen, unerreichbaren Weiten des Alls Abenteuer meistern und davon berichten sollen. Der Mensch erobert, nimmt Besitz von den neuen Welten erst durch die Anwesenheit des Astronauten. Und umgekehrt fühlt sich der Astronaut als Stellvertreter der Menschheit in den Weiten des Weltalls. Dieser emphatische Stellvertreter-Effekt ist wohl die wertvollste Erkenntnis seit den Apollo-Flügen zum Mond: Wenn ein Mensch fliegt, fliegen wir alle!

Bei all der Ausrichtung auf die Astronauten und deren Einsatz für die Mission, darf jedoch nicht vergessen werden, dass sie nur die berühmte Spitze eines riesigen Eisberges sind. Viele hunderte, insgesamt einige tausend Menschen haben am Gelingen unserer Mission, der zweiten deutschen Raumfahrt-Mission D-2 (26. April bis 6. Mai 1993), mitgearbeitet und ich habe nicht wenige Mitstreiter kennen gelernt, deren Leben sich ausschließlich auf diese Mission ausrichtete. Sie taten alle das ihnen Menschenmögliche, damit unsere Mission ein Erfolg wurde. Und genau das gibt Astronauten die Sicherheit, die Gelassenheit, in das Shuttle einzusteigen – ohne Angst. Natürlich weiß man, dass trotz allem ein Versagen der Technik niemals ganz auszuschließen ist, selbst ein für die Astronauten tödliches. Aber die Gewissheit, dass die Menschen an den entscheidenden Stellen alles in voller Aufopferung getan haben, rückt die Gefahr in menschliche Dimensionen. Mehr kann nicht erwartet werden.

Und dafür möchte ich ihnen an dieser Stelle danken. Sie sind für mich die wahren Streiter für die Raumfahrt, denn ihre vor Begeisterung sprühenden Augen sind das wallende Blut, das die Raumfahrt mit Leben erfüllt. Raumfahrt ist mehr als anderswo Teamarbeit über alle staatlichen und menschlichen Grenzen hinweg, die Menschen mit ihren Träumen von den grenzenlosen Möglichkeiten des Alls verbindet. Davon lebt die Raumfahrt, deswegen bin ich Astronaut und davon erzählt dieses Buch.

Schnappschuß der D-2 Crew mit engeren Mitarbeitern, stellvertretend für die große Anzahl aller Beteiligten.

Der lange Weg zum Flug

Eine der meistgestellten Fragen lautet: „Wollten Sie schon immer Astronaut werden?" Wie hätte ich? Die ersten Astronauten gab es erst, als ich etwa 10 Jahre alt war. Und selbst da waren Astronauten aus einer so ganz anderen, unerreichbar fernen Welt wie heutzutage Internet für meine Oma. Aber als ich diese Worte hörte, kam ich davon nicht mehr los.

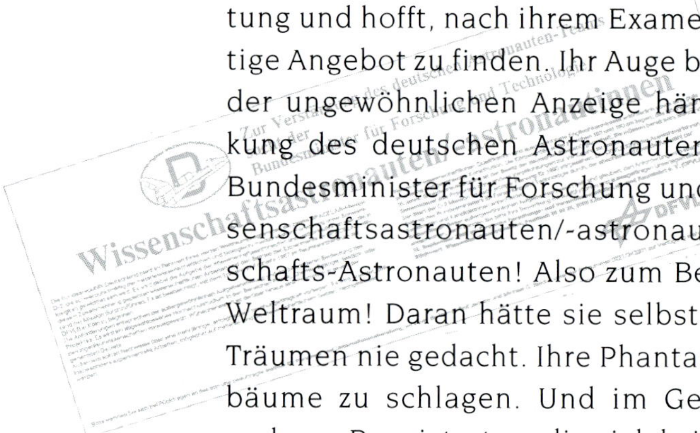

Samstag, der 15. August 1986 irgendwo in Deutschland: Beim letzten Kaffee des späten Frühstücks durchstreift die Biologin Bianca Thierhoff, wie viele andere Bundesbürger an diesem Vormittag auch, die Stellenanzeigen der Frankfurter Allgemeinen Zeitung und hofft, nach ihrem Examen endlich das richtige Angebot zu finden. Ihr Auge bleibt unverhofft an der ungewöhnlichen Anzeige hängen: „Zur Verstärkung des deutschen Astronauten-Teams sucht der Bundesminister für Forschung und Technologie Wissenschaftsastronauten/-astronautinnen." Wissenschafts-Astronauten! Also zum Beispiel Biologie im Weltraum! Daran hätte sie selbst in ihren kühnsten Träumen nie gedacht. Ihre Phantasie beginnt Purzelbäume zu schlagen. Und im Gegensatz zu vielen anderen Begeisterten, die sich keine realen Chancen dafür einräumen, bewirbt sie sich trotzdem und damit beginnt für sie ein Weg, schöner und zugleich dornenreicher, wie sie ihn sich nie vorgestellt hätte.

Wahrscheinlich war das für die meisten der damaligen Bewerber der übliche Anfang einer Odyssee mit unbekanntem Ausgang. Aber es gab auch andere, sehr viel ungewöhnlichere Wege, ans Ziel zu gelangen. Zum Beispiel der meine.

Es war der 24. Dezember 1985. Ich lebte bereits seit ein paar Monaten in den USA und war gerade zu Weihnachten zurück nach Deutschland gekommen und saß eher zufällig bei meinen Eltern zur Tagesschau vor dem Fernseher, um zu erfahren, was sich denn so in Deutschland getan hatte. Und da erklärt der Nachrichtensprecher Herr Köpke: „Nach der gerade erfolgreich verlaufenen ersten deutschen Raumfahrtmission D1 sucht der Bundesforschungsminister Riesenhuber neue Wissenschaftsastronauten für weitere deutsche Raumfahrtmissionen." Es traf mich wie ein Schlag und ließ mich nicht mehr los. Später, während der Mitternachtsmette, kreisten meine Gedanken nur noch um dieses Thema. Und während der Predigt – der Pfarrer möge mir verzeihen, dass ich nicht richtig zuhörte – fasste ich den Entschluss, mich zu bewerben und Astronaut zu werden. Ich drehte mich also zu meiner Frau rechts neben mir – ich weiß es noch so gut wie heute – und fragte sie mit ernstem Gesicht: „Mäuschen (so nenne ich sie noch heute), was hältst du davon, wenn ich Astronaut werde?" Sie schaute mich natürlich etwas erstaunt an, doch ohne nochmals nachzufragen, wie ich das meine, und nach nur wenigen Sekunden gab sie mit leisem Lächeln zurück: „Du, ich glaube, das ist genau der richtige Beruf für dich!" Ich war platt, aber ich wusste, sie meinte es ernst. Am nächsten Tag schrieb ich meine Bewerbung – an den Herrn Riesenhuber natürlich, Herr Köpke hatte schließlich verkündet, der Bundesminister suche, also sollte er auch die Bewerbung erhalten. Und so nahm für mich die Geschichte ihren Lauf.

Die erste deutsche Raumfahrtmission D1 (30.10.–6.11.85) fand statt mit Beteiligung der beiden deutschen Astronauten Ernst Messerschmid und Reinhard Furrer. Sie waren jedoch nicht die ersten Deutschen im Weltall. Ulf Merbold war als ESA-Astronaut bereits zwei Jahre vorher auf einer europäischen Shuttlemission unterwegs im All. Der erste Deutsche im Weltraum überhaupt war der damals ostdeutsche Kosmonaut Sigmund Jähn, als er im Jahre 1978 sieben Tage auf der russischen Raumstation Saljut 6 verbrachte.

Die Scheidungsquote unter Astronauten ist eine der höchsten. Ich bin der Überzeugung, dass ein Astronaut mit Familie einen denkbar schlechten Beruf gewählt hat, wenn der Ehegatte nicht voll hinter ihm steht, und das war offensichtlich bei mir der Fall. Doch die eigentliche Stunde der Bewährung kam erst noch. Am 26. Januar 1986, einen Monat nach meiner Bewerbung, ereignete sich die Challenger-Katastrophe, bei der sieben Astronauten ihren Tod fanden.

Aller Anfang...

Das vorweg: Man ist Astronaut aus Motivation, sonst steht man das alles nicht durch und der beste Test dazu ist das Auswahlverfahren. 1799 Leute jeglichen Alters bewarben sich damals im Jahre 1986. Sie alle mussten zunächst eine Fragebogenaktion durchlaufen. Erst danach schloss sich für nunmehr 295 Personen eine Vielzahl von Testbatterien hinsichtlich Konzentrationsfähigkeit, Mehrfachbelastbarkeit, mathematisch-logisches Denken, Persönlichkeitsmerkmale an

Die Auswahltests waren die schwierigsten Tests, die ich je in meinem Leben mitgemacht habe. Wenn Sie sich auch mal gerne selber testen wollen oder zumindest wissen wollen, was man so alles können muss und wie es dabei zugeht, mehr darüber im Special „Wie, bitte, wird man Astronaut?" (Seite 16)

bei der Deutschen Forschungsanstalt für Luft- und Raumfahrt, DLR, in Hamburg. Die medizinische Endauswahl fand dann bei der DLR in Köln/Porz statt, bis nach Monaten schließlich fünf Kandidaten ausgewählt wurden. Zu einem dieser fünf Kandidaten zählte auch ich.

Die Zentrifuge der DLR in Köln/Porz im Einsatz.

Alles ist perfekt organisiert. Allein für die Trainingsorganisation gibt es eine eigene Abteilung. Man erhält an jedem Donnerstag einen dicht gedrängten Trainingsplan für die kommende Woche. Das Wichtigste bei alldem ist gesund bleiben, denn nur so lässt sich das Problem, einen Arztbesuch Monate im Voraus zu planen, elegant umgehen! Für mich persönlich war diese unausweichbare Fremdbestimmtheit die schwerwiegendste Hürde an dieser Trainingszeit – und der größte Nachteil am Beruf des Astronauten schlechthin. Über diese gravierende Einschränkung sollte sich jeder Bewerber im Klaren sein.

Als einer der Auserwählten ist man zwar ein Mitglied des Astronautenteams, jedoch noch lange kein Astronaut, sondern lediglich ein Astronauten-Kandidat. Nichts zeichnet einen bisher als Astronauten aus, bis auf die Kleinigkeit, dass man ein paar hundert Tests – zugegeben nicht die leichtesten – bestanden hat. Man bekommt zunächst ein Bürozimmer bei der DLR in Köln/Porz zugewiesen, das man allerdings nicht allzu häufig sieht. Denn jetzt beginnt die Zeit der Basisausbildung, in der der Kandidat innerhalb von nur zwei Jahren mit Schnellkursen in Biologie, Medizin, Materialwissenschaften, Physik, ..., einfach in allen wissenschaftlichen Disziplinen an den aktuellen Forschungsstand herangeführt wird. Nebenbei besucht er alle wichtigen Forschungseinrichtungen in der Bundesrepublik und macht sich dort mit der entsprechenden Technik vertraut.

Die im August 1986 ausgewählten Astronauten: (oben) H. Schlegel, U. Walter, R. Brümmer, (unten) H. Walpot, G. Thiele.

Kurze Pause im B737-Simulator der Lufthansa in Frankfurt.

Gleichzeitig muss jeder Astronauten-Kandidat einen Flugschein (Privatpiloten-Lizenz) machen, innerhalb nur einer Woche bei der Luftwaffe der Bundeswehr lernen, wie man Alpha-Jets und bei der Lufthansa wie man eine Boing 737 fliegt – um sie dann auch wirklich zu fliegen. Außerdem macht man einen Forschungstauchschein, als Voraussetzung für das spätere Schwerelosigkeitstraining und für Vorexperimente in größeren Wassertiefen und nimmt zweimal jährlich an den Parabelflügen bei der NASA in Houston teil, um sich mit echter Schwerelosigkeit vertraut zu machen. Nach diesem Basistraining ist man fit für den Weltraum und darf sich ab sofort Astronaut nennen.

Die B707 im Steigflug. Die Schwerelosigkeitsphase beginnt.

Eine modifizierte Militärversion der Boing 707 beschleunigt zunächst horizontal auf Maximalgeschwindigkeit, begibt sich darauf in einen 45°-Steigflug und durchfliegt dann eine parabelförmige Bahn, wie ein geworfener Stein, in der man schwerelos ist. Der Pilot muss am Ende der Parabel die Maschine im Sturzflug abfangen, um sie gleich in die nächste Parabel zu überführen. 30–40 Parabeln fliegt man so am Tag hintereinander, vier Tage die Woche. Die Amerikaner nennen diese Maschine auch Vomit Comet, auf gut Deutsch Kotzbomber – aus gutem Grund.

Die Trainingseinrichtung für das Shuttle bei der NASA in Houston.

In diesen letzten 6 Monaten vor der Mission treten die vielen Experimente, an denen bisher trainiert wurde, in den Hintergrund und man wird mit den Besonderheiten des Shuttles vertraut gemacht: Funktionsweise und Bedienung des Bordrechners, Elektrik, Hydraulik, Antriebssysteme, Energieversorgungssysteme, Lebenserhaltungssysteme, die verschiedenen Stufen der Warn- und Alarmsysteme, usw., und natürlich das Anlegen und die Bedienung des druckfesten Raumanzugs.

CEIT, der Crew Equipment Integration Test. Bevor das Spacelab in die vertikal stehende Shuttle eingebaut wird und damit bis zur Mission unzugänglich bleibt, macht sich die Crew an Ort und Stelle mit den Besonderheiten der Original-Hardware vertraut. Auf Grund laufender Veränderungen kann es nämlich zu Abweichungen zwischen der Trainings- und Flug-Hardware kommen. Gewisse, nicht so wesentliche Hardwareteile werden zudem nie nachgebaut, sodass man sie hier zum ersten Mal überhaupt zu Gesicht bekommt. Es wäre ärgerlich und zeitaufwendig, wenn der Astronaut im All zum ersten Mal mit komplizierten Gegenständen hantieren soll, die er nie gesehen hat und deren Handhabung er nicht kennt.

„Wir sind gestern bereits zum CEIT nach Florida gefahren. Ich sitze hier im Rückflug nach Houston. Ich bin ziemlich kaputt. Wir sind morgens früh aufgestanden, um halb sechs … Ich finde, es macht schon einen Unterschied, ob man unter der Columbia steht und alles direkt sieht, die schwarzen Kacheln, das große Ding, und dann wirklich weiß, da steigt man ein und dann geht's los. Heute ist der erste Tag, an dem ich denke: ‚Jawohl, jetzt geht's richtig los!' Die Leute sind auch ein bisschen aufgeregt, die Stimmung ist prickelnd … Jetzt geht's richtig los. Schön … !"

Bei einer Notwasserung im Pazifik gilt es, bis zu 48 Stunden auf sich alleine gestellt zu überleben. Dazu hat jeder ein Schlauchboot dabei, das übrigens beim Start unauffällig im Sitz des Shuttles integriert ist. Zur Notfallausrüstung gehört natürlich vor allen Dingen Trinkwasser, zwei Liter abgefüllt in 16 flachen Beuteln als Polster auf dem Rücken, dazu ein Notfunkgerät, ein Spiegel und fluoreszierendes Pulver zur grün-gelblichen Einfärbung des Meerwassers, um sich den Suchtrupps bemerkbar zu machen – und eine Angel, damit man sich ab und zu einen Fisch als Nahrung gönnen kann. Wobei man beim Training noch erfährt, welches giftige und ungiftige Meeresfische sind. Die NASA denkt an alles!

Doch mit Abstand am zeitaufwendigsten ist das Notfalltraining, das mehr als 2/3 der Zeit in Anspruch nimmt. Trainiert werden Notfallsituationen, also Simulationen eines Notausstiegs vor dem Start, während des Aufstiegs, während der Landung und nach der Landung. Dabei werden eventuelle Zwischenfälle während des Aufstiegs in die Erdumlaufbahn und während des Rückfluges in der Atmosphäre besonders häufig trainiert. In speziellen Trainingsversionen des Shuttles und in einem entsprechend dimensionierten Tauchbecken werden Notausstiege zu Lande und in der Luft ebenso realistisch trainiert wie die Fallschirmwasserung im Meer mit anschließendem Überlebenstraining im Schlauchboot. Voraus geht ein spezielles Fallschirmtraining in Florida, bei dem auch die Bergung mit dem Hubschrauber geübt wird.

Fallschirmtraining auf dem Marinestützpunkt in Pensacola/Florida.

Ein Training besonderer Art ist das EVA-Training. Diese Ausstiege mit einem Spezial-Raumanzug in das Freie des Weltraums, das ist der Stoff, aus dem die Träume eines jeden Astronauten sind. Zu jeder Mission gibt es solch ein EVA-Training. Denn mindestens zwei NASA-Astronauten einer Mission müssen für einen Raumspaziergang vorbereitet sein, für den Notfall, dass Arbeiten außerhalb des Shuttles durchgeführt werden müssen. Es müssen dabei nicht immer Meteoriteneinschläge sein, die an uneinsehbaren Stellen die

EVA steht für Extra Vehicular Activity und bedeutet Raumspaziergang. Es ist zu unterscheiden zwischen einer EVA mit einfacher Ausrüstung, die voraussetzt, dass man über eine Leine stets mit dem Shuttle verbunden bleibt, oder dem viel selteneren Ausstieg mit der MMU, der Manned-Maneuvering-Unit, einem überdimensionierten Tornister, der dem Astronauten erlaubt, frei und unbehindert im Raum schwebend, sich in alle Richtungen zu bewegen.

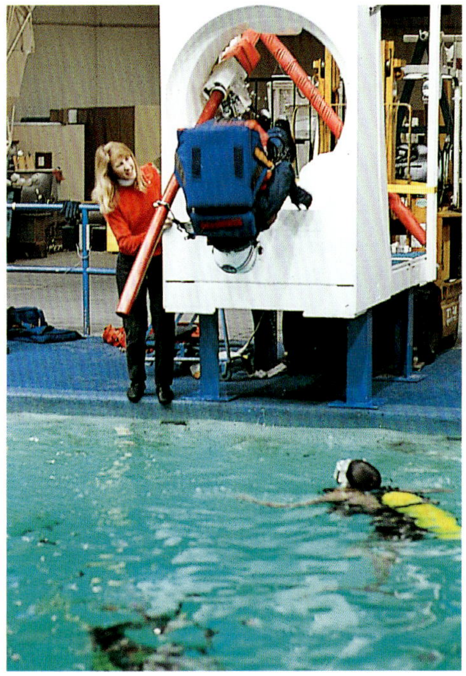

oben:
Der Notausstieg in 10 Kilometer Höhe aus der Luke eines havarierten Shuttle wird geübt.

unten:
Astronauten trainieren den Zusammenbau einer Rohrstruktur.

hitzefesten Kacheln des Shuttles zerstört haben könnten, sondern viel wahrscheinlicher ist das Problem, dass sich am Ende einer Mission die Ladebuchtklappen wegen starker Temperaturunterschiede auf der Außenseite des Shuttles nicht mehr richtig schließen lassen.

Aus Gründen des Trainingsaufwandes bleiben Raumspaziergänge nur den Missionsspezialisten vorbehalten. Nichtsdestoweniger ist es ein besonderes Erlebnis, als Taucher am EVA-Training für eine Mission teilnehmen zu können. Das Training findet unter Wasser in einem Wasserbecken statt, das mit seiner Größe eine nachgebaute Shuttle-Ladebucht in Originalgröße aufnehmen kann. Die Astronauten in echten EVA-Anzügen werden mit Bleigewichten so austariert, dass sie im Wasser wie im All frei in und um die Shuttle-Ladebucht schweben können. Der einzige Unterschied zur wirklichen EVA ist der, dass sie keinen Tornister für Lebenserhaltungssysteme und Funkgeräte auf dem Rücken haben, sondern über entsprechende Schläuche und Kabel versorgt werden. Insgesamt etwa 25 Leute, einschließlich der ungefähr 5 Hilfstaucher, sind für dieses aufwendige Simulationstraining notwendig.

In die Unterwäsche der Raumanzüge sind zur Kühlung dünne Wasserschläuche eingenäht.

„Ich war heute im WETF, also in der Einrichtung, wo man unter Wasser EVA trainieren kann. Das war schon toll. Diesen weiten Blick in der Cargo Bay, die zwei Leute da rumturnen zu sehen, zusammen mit den Tauchern. Ich habe zum ersten Mal auch gesehen, wie die Cargo Bay verschlossen wird. Diese komischen Haken, die ineinander packen müssen, die man mit speziellem Werkzeug zusammenhalten muss. Es war imposant und ein weiterer Schritt zur Mission!"

Bei der NASA gibt es aber auch geruhsamere Trainingsstunden. Unterricht in Erdfotografie zum Beispiel, wo man lernt, mit den komplizierten Kameras an Bord umzugehen und perfekte Fotos zu schießen, was wegen der unterschiedlichen Blickwinkel und der schnell wechselnden Beleuchtung der Erde ohne Beleuchtungsmesser nicht gerade einfach ist.

Oder Probeessen, eine meiner liebsten Trainingsstunden. Im Gegensatz zu der weit verbreiteten Meinung, Astronauten müssten sich ausschließlich aus Tuben ernähren, essen Astronauten im Weltraum à la carte. Nur, was ihnen von den etwa hundert angebotenen Speisen schmeckt und was nicht, das müssen sie beim Probeessen, wozu die NASA zweimal einlädt, schon selber herausfinden. Auch die Benutzung der Shuttletoilette will trainiert sein, weil nicht einfach. Die Crux an diesem Spezialtraining ist natürlich, dass man die Übungsstunde nicht fest einplanen kann – es kommt, wie es kommt.

Ein Bericht über die ganz menschlichen Dinge an Bord im Special „Essen, Schlafen Waschen, Toilette – Alltag an Bord des Shuttles" (Seite 88).

Bei einem Probeessen wählen die Astronauten ihre Speisen für den Flug aus.

Persönliche Entscheidungen

Die Comic-Figur Nick war in dieser Form, einer von Hansrudi Wäscher speziell für die D-2 Mission angefertigten Zeichnung, erstmals im Weltraum.

Noch drei Wochen bis zum Start! Das Training ist praktisch beendet, bis auf ein paar Wiederholungen. Doch es gibt noch einige wichtige Dinge, die es zu regeln gilt. Da ist zunächst die Frage „Welche persönlichen Dinge darf ich mit auf den Flug nehmen?". Die Antwort ist ernüchternd: offiziell drei Armbanduhren, sechs CDs oder MCs und zwei frei wählbare Andenken (Brillenträger dürfen darüber hinaus noch ein bis zwei Brillen mitnehmen). Mehr nicht! Alles andere stellt die NASA zur Verfügung. Also keine eigene Zahnbürste, kein Rasierer. Selbst die Unterwäsche wird gestellt. Für persönliche Erinnerungsstücke steht zwar jedem Astronauten ein so genannter Personal Preference Kit, PPK, zu, in dem man 20 private Dinge mitnehmen darf. Von denen dürfen aber, wie gesagt, nur zwei für den späteren eigenen Besitz bestimmt sein, während die 18 anderen Teile nachweisbar anderen Personen gehören müssen. Damit kommt die NASA der Bitte nach, für Verwandte, Freunde und Bekannte Erinnerungsstücke mitzufliegen, ohne Gefahr zu laufen, dass ein schwarzer Handel mit geflogenen Teilen entsteht. Aber auch die 20 Teile sind nicht beliebig wählbar. Alle 20 Teile müssen in das PPK-Beutelchen passen, das nur 5x13x20 cm klein ist. Es dürfen keine Teile mitgeflogen werden, deren objektiver Wert durch einen Raumflug drastisch steigen würde, also zum Beispiel – und das gibt die NASA dann auch explizit an – Briefmarken und Münzen. Die Regeln, die sich über die Jahre entwickelt haben, sind teilweise recht kompliziert (keine Teile, die sich weiter unterteilen und einzeln veräußern ließen) und zielen alle darauf ab, dass sich die Astronauten durch einen Handel mit diesen Teilen nicht persönlich bereichern können. Die Versuchung liegt nahe, da es viele Weltraumfreaks gibt, die alles dafür tun würden, ein im Weltraum geflogenes Teil ihr Eigen zu nennen.

Jeder Astronaut erhält vor seinem Flug eine Unzahl mündlicher Anfragen von Bekannten, aber auch schriftlicher Anfragen fremder Personen, die um eine Mitnahme von Teilen bitten, wobei die Bitten von Briefmarkensammlern hier besonders herausstechen. Ich weiß von besonders eingefleischten Fans, die selbst die Abfallcontainer der NASA nach Essensabfällen von unserer Mission durchsuchten!

Wegen der genannten Einschränkungen fliegen typischerweise kleine persönliche Schmuckstücke mit oder Gold- und Silbermünzen, die in kleinster Auflage von der NASA für jede Mission geprägt werden.

Trotzdem ist der Freiraum noch so groß, dass auch ungewöhnliche Teile mitfliegen: Ich hörte von einem Astronauten, der als offensichtlicher Eishockeyfan einen Puck mitnahm. Meine beiden persönlichen Teile waren übrigens eine dieser Sondermünzen und eine kleine Comiczeichnung von Nick, dem Weltraumfahrer, die mir Nicks bekannter geistiger Vater, Hansrudi Wäscher, freundlicherweise speziell für diese Mission und mit genau den entsprechenden Abmessungen angefertigt hat. Zwei ähnliche, mitgeflogene Zeichnungen gingen übrigens an Herrn Wäscher selbst und einen guten Comicfreund von mir.

Darüber hinaus gibt es noch einen Official Flight Kit, OFK, in dem jeder Astronaut 10 Erinnerungsstücke öffentlicher Institutionen mitnehmen kann. Dies sind meist Wimpel oder Flaggen der Heimatstädte oder sportlicher Vereinigungen, deren Mitglied man ist, aber Stücke religiösen Ursprungs sind nicht erlaubt – also zum Beispiel keine Bibel!

Ein besonders wertvolles Stück und zugleich ältester Fluggast der Welt war bei mir Palaeochiropteryx tu-paiodon, 49 Millionen Jahre alt, die „Briefmarkenfledermaus" aus dem Senckenbergmuseum Frankfurt/M. Diese so zu besonderen Ehren gekommene Fledermaus ist heute in einem speziellen Ausstellungskasten im Senckenbergmuseuum zu bewundern.

Wenn es zur Auswahl der persönlichen CDs kommt, wird einem wieder mal klar, dass diese Reise keine gewöhnliche ist. Vor einer Urlaubsreise macht man sich darüber keine besonderen Gedanken. Man packt

Während meiner kritischen, einwöchigen „Testhörphase" wechselten bei mir die Titel ständig. Statt anfänglich vier Pop-CDs und zwei Klassik-CDs entschied ich mich schliesslich für diese Auswahl: Yello: „Baby", Jon and Vangelis: „Page of Life", Jon and Vangelis: „The Best of ...", Supertramp: „... famous last words ...", Carpenters: „Now & Then", Stars on 45: „The Very Best of ...".

diese oder jene gern gehörte CD ein. Und wenn es dann nicht sechs, sondern sieben oder acht sind, dann ist es eben so. Bei einem Shuttleflug ins All, bei dem der CD-Player das einzige offizielle Gerät für die Freizeitmuße ist und bei dem man sich nicht im Musikladen um die Ecke zur Not eine CD kaufen könnte und bei dem es eben nur sechs und keine einzige mehr sein dürfen, stehen die Dinge anders. Man hört sich jede CD nochmals kritisch an und merkt bald, dass der Flug eher etwas mit einer Robinsonade zu tun hat als mit einer Urlaubsreise.

Und da ist dann noch das Kuvert von der NASA, das eines Tages im Postkasten zu Hause (!) liegt, ganz diskret, ohne großes Aufhebens. Ein 11-seitiges Formular ist auszufüllen, in dem, für den Fall des Todes, alle wichtigen Informationen, wie nähere Angehörige, zuständige kirchliche Institutionen, Vermögensverhältnisse, etc. festgehalten werden sollen, aber auch wo und wie beerdigt werden soll. Einige Tage zuvor hat man dazu noch einen erfahrenen Astronauten seines Vertrauens aus dem NASA-Astronautenteam angesprochen, der nicht auf der eigenen oder folgenden Mission fliegt, und ihn gebeten, persönlicher CACO zu sein.

Der Casualty Assistance Control Officer, CACO, muss beim Start und während der Mission ständig erreichbar sein, im Falle ernster Schwierigkeiten der Familie beistehen und im Fall des Falles sich auch um die Abwicklung rechtlicher Aufgaben kümmern, so wie sie im NASA-Formular festgehalten wurden.

Es mag apokalyptisch oder deprimierend erscheinen, sich kurz vor dem Flug mit solchen Dingen auseinander setzen zu müssen. Es ist jedoch vielmehr so, dass diese Notwendigkeit von den Astronauten eher als selbstverständlich verstanden und geregelt wird. Die Auswahl des CACO wird auch nicht öffentlich ausgetragen, sondern vertraulich, in Gesprächen unter vier Augen. Jeder Raumfahrer ist sich der besonderen Gefahren bewusst, die mit einem Raumflug, insbesondere mit dem Start, verbunden sind und jeder hat sich zusammen mit der Familie bereits vor seiner Berufsentscheidung mit diesem Thema offen auseinander gesetzt. Das Ausfüllen des NASA-Formulars und das Gespräch mit dem auserwählten CACO ist insofern lediglich die rationale Umsetzung einer persönlichen Entscheidung, die bereits viele Jahre zurückliegt. Zumindest ist dies meine persönliche Einstellung, von der ich weiß, dass ich sie mit vielen meiner Kollegen teile.

Geschafft!

Dies alles war bisher nur das Vorspiel zum eigentlichen Ziel, dem Flug. Dass der von Mal zu Mal weiter nach hinten verschoben wurde, weil wegen eines tückischen Heliumlecks in den Antrieben gleich die ganze Shuttleflotte für ein halbes Jahr gegroundet wurde oder weil andere Flüge vor uns Flugverzögerungen erlitten haben oder wieder andere Flüge vorgezogen wurden, weil die nur bei ganz bestimmten Planetenkonstellationen fliegen konnten, während wir mit unseren Experimenten in der Schwerelosigkeit davon unabhängig sind (leider!), das alles störte mich nicht mehr so sehr. Ich hatte fast 5 Jahre für meine Mission trainiert und da kam es auf die paar Monate nun auch nicht mehr an. Das Wichtigste war nämlich, die Mission wäre nicht ohne mich gestartet – und das ist sehr, sehr beruhigend!

Als Astronaut hat man bis hierher so manches hinnehmen müssen: Anstrengungen, Enttäuschungen, Verschiebungen, schlechtes Gewissen wegen der Vernachlässigung der Familie, Arbeiten bis zu 80 Stunden pro Woche, immer dichter aufeinander folgende Meetings und Trainingssessionen. Man hat längst keine Nerven mehr für die alltäglichen Probleme zu Hause... Mit anderen Worten: Man ist reif für den Flug!

Mein amerikanischer Kollege Jerry Ross erzählte mir von folgendem Fall: Die Ehefrau: „Schatzi, die Reifen am Wagen sind abgefahren!" Er: „Lass mich in Ruhe, kauf dir einen neuen Wagen!"

Und dann kommt etwas Wunderbares – die Quarantäne. Das Leben ändert sich schlagartig und man merkt, endlich, jetzt beginnt der Flug!

Wie, bitte, wird man Astronaut?

Bisher flogen in chronologischer Reihenfolge: Sigmund Jähn (Saljut 6, 1978), Ulf Merbold (FSLP, 1983; IML-1 1992; EUROMIR'94, 1994), Ernst Messerschmid und Reinhard Furrer (D1, 1985), Klaus-Dietrich Flade (MIR'92, 1992), Hans Schlegel und Ulrich Walter (D-2, 1993), Thomas Reiter (EUROMIR'95, 1995/96) und Reinhold Ewald (MIR'97, 1997). Davon gehören Merbold und Reiter dem ESA-Kader an, sind also ESA-Astronauten und alle anderen sind nationale, deutsche Astronauten.

Astronauten sind in Deutschland eine seltene Spezies. Neun Deutsche waren bisher im Weltraum, weitere drei warten auf ihren ersten Einsatz (Gerhard Thiele, Heike Walpot und Renate Brümmer). Weil es in Deutschland kein festgeschriebenes bemanntes (wie auch unbemanntes) Raumfahrtprogamm gibt, gibt es auch keine Kontinuität deutscher Flüge, sodass die MIR'97 Mission (Februar 1997) bis auf längere Zeit die letzte deutsche bemannte Raumfahrtmission gewesen sein wird.

Das einzige und letzte Bild aller deutschen Astronauten, die in den Weltraum geflogen sind (Reinhard Furrer verstarb 1995). Mit dabei Ulf Merbold (ESA-Astronaut), Renate Brümmer und Gerhard Thiele (D-2 Ersatzastronauten).

Das Bild entstand während des IAF-Kongresses im September 1990 in Dresden.

Die Situation bei der ESA, der europäischen Raumfahrtorganisation, sieht etwas besser aus. Acht Astronauten gibt es offiziell im ESA-Team, davon zwei deutsche (Ulf Merbold und Thomas Reiter). Weil die ESA offiziell mit einem Forschungsmodul an der kommenden Internationalen Raumstation beteiligt ist, gibt es hier wenigstens eine langfristige Perspektive. In der so genannten Frühen Nutzungsphase bis zur Inbetriebnahme des Forschungslabors werden ESA-Astronauten sogar hin und wieder in den Forschungsmodulen anderer Nationen mitarbeiten können. Soweit die gute Nachricht. Die schlechte ist, dass dieses Forschungslabor, COF (Columbus Orbiting Facility), erst als letzte Einrichtung auf der Raumstation in Betrieb genommen wird. Nach den gegenwärtigen Plänen wird das erst Anfang 2003 so weit sein, wahrscheinlich aber nicht vor dem Jahre 2005, denn den Letzten beißen bekanntlich die Hunde. Außerdem ist das COF zur Hälfte an die NASA und andere internationale Raumfahrtagenturen verkauft – der ESA fehlt das Geld. Die ESA-Astronauten können also froh sein, wenn sie ab 2005 die Raumstation zusammen mit ihren vielen anderen internationalen Kollegen ständig besetzen werden.

Nur die ESA wird also in Zukunft neue Astronauten-Stellen anbieten. Wann? Das werden die Fortschritte der Raumstation zeigen. Der Weg zur ESA führt aber immer über die einzelnen Nationen. Vor jeder ESA-Auswahl finden nationale Auswahlen statt.
In Deutschland gab es bisher zwei: Im Jahre 1978, aus der Ulf Merbold für die ESA, und später Ernst Messerschmid mit Reinhard Furrer als deutsche Astronauten hervorgingen, und 1987 mit Renate Brümmer, Hans Schlegel, Gerhard Thiele, Heike Walpot und Ulrich Walter (deutsche Astronauten) und später Klaus-Dietrich Flade mit Reinhold Ewald (deutsche Astronauten) und Thomas Reiter (ESA). Für die neue Generation von Astronauten für die Raumstation wird es also zum Ende der 90er Jahre sicherlich zu einer dritten Auswahl in Deutschland kommen.

Wie wird man dann Astronaut? Die Auswahlstandards haben sich seit der ersten Auswahl so gut wie nicht geändert und die kommende Auswahl wird daher sicherlich genauso oder wenigstens sehr ähnlich wie die letzte Auswahl 1987 sein, die ich durchgemacht habe, und die möchte ich hier im vertretbaren Detail schildern.

Am Anfang steht die Ausschreibung. Der eine hört es im Radio, der andere sieht es im Fernsehen oder als Anzeige in der Zeitung. Die, die es mit Sicherheit nicht verpassen wollen, können im Internet unter http://www.dlr.de und dort unter DLR/Informationen oder unter Raumfahrt/Astronauten nachsehen.

Tipps und Tricks zur Vorauswahl

Zur Auswahl 1987 bewarben sich im Jahre 1986 1799 Kandidaten. Ich sollte einschränkend gleich erwähnen, dass dies wirklich alle Bewerber einschließt, im Alter zwischen 6 Jahren und 80 Jahren. Alle ernst zu nehmenden Bewerber erhielten daraufhin in einer Vorauswahl einen ausführlichen Fragebogen, in dem nicht nur Auskunft über allgemeine Daten (Alter, Größe, Staatsbürgerschaft, etc.), sondern auch über wissenschaftlichen Lebenslauf, medizinische Daten (Welche Krankheiten, auch der Vorfahren; Krankenhausaufenthalte, wann, wie oft? ...) und persönliche Verhaltensweisen (Rauchen Sie?, Trinken Sie?, wenn ja, wie viel?) Auskunft gegeben werden musste.

Mir wurde von einer Bewerbung eines bereits betagten Herren berichtet, der als seinen Vorteil herausstrich: „Sollte im Weltall da oben irgendetwas Schlimmes passieren, dann kommt es bei mir auch nicht mehr darauf an."

Die geläufige Meinung, Astronauten dürften keine Zahnfüllungen haben, stammt aus Mercury- und Gemini-Zeiten und ist schlichtweg falsch. Ich kenne kaum einen Astronauten, der keine hätte! Wichtig ist nur, wie bei Piloten, dass sich unter den Füllungen durch Fäulnis keine Luftpolster gebildet haben. Das finden die Ärzte später in der Unterdruckkammer aber schnell heraus und das bedeutet nur „Ab zum Zahnarzt!" und nicht „Durchgefallen!". Zahnfüllungen sollten also von der Bewerbung nicht abhalten. Brillenträger sind ebenfalls zugelassen, solange die Stärke nicht über ±2.0 Dioptrien liegt.

Bei der Beantwortung des Fragebogens sollte man erstens ehrlich sein (später bei der genauen ärztlichen Untersuchung wird man allemal von oben bis unten durchleuchtet) und zweitens daran denken, dass Astronauten gesucht werden, die zwar geistig überdurchschnittlich, aber ansonsten vom menschlich-sozialen Verhalten her ganz normale Menschen sind. Daher liegt beispielsweise genau der richtig, der auf die Frage „Trinken Sie?" antwortet: „Ja, in gesellschaftlichem Rahmen."! Dagegen können sich Leistungssportler an dieser Stelle gleich verabschieden. Gute körperliche Leistungsfähigkeit ist zwar nützlich, aber Astronauten mit zu viel Muskeln bekommen in der Schwerelosigkeit Probleme. Dort oben braucht man nämlich eigentlich keine, und mit ihrem überdimensional großen Herz ist darüber hinaus mit Rhythmusproblemen zu rechnen. Zudem leiden sie oft an Orthostatik-Problemen, die bei der Rückkehr in die Erdschwere zu Komplikationen führen (im Extremfall zur Bewusstlosigkeit wegen Blutmangels im Gehirn). Ansonsten sind alle Kriterien, die man unbedingt erfüllen sollte, in der Liste angegeben.

Suchanzeige der NASA für US-Astronauten.

Der Härtetest

Die geistige Belastbarkeit

Die Vorauswahl passierten 321 Bewerber, die auch alle zu den Auswahltests eingeladen wurden, von denen aber nur 245 erschienen! Vielleicht ahnten die anderen, dass in diesen Tests alles und manchmal noch mehr von ihnen abverlangt werden würde. Aber anders als vermutet stand nicht die medizinische Eignung im Vordergrund des Interesses, sondern die wissenschaftliche, operationelle und geistige Leistungsfähigkeit. Von den Fähigkeiten, die in diesem Auswahlschritt getestet wurden und in der Liste angegeben sind, möchte ich zwei herausheben, die ich für besonders bemerkenswert halte: Das mathematisch-logische Denken und die Mehrfachbelastung. Die Mehrfachbelastung bedeutet die gleichzeitige Einwirkung akustischer und optischer Reize, die alle gleich gut geistig verarbeitet, oder verschiedene manuelle Aufgaben, die gleich gut umgesetzt werden müssen. Die Mehrfachbelastbarkeit ist nicht nur eine wichtige Voraussetzung der Arbeiten an Bord einer wissenschaftlichen Mission, wo mehrere Experimente und andere Aufgaben parallel abgearbeitet werden müssen, sondern, wie sich später herausstellt, auch für das vorausgehende Training von großem Nutzen.

Dieses Gerät testet die manuelle und mentale Mehrfachbelastbarkeit der Kandidaten.

Als Beispiel für logisches Denken habe ich einen Positionstest ausgewählt, der in nebenstehender Abbildung beschrieben ist. Aufgabe ist, aus den ersten vier Reihen Regeln über die Position des gelben Diamanten innerhalb der Punktgruppen abzuleiten, die auf die letzte Reihe anzuwenden sind. Daraus ergibt sich die gesuchte Lösung. Zugegeben, in diesem relativ einfachen Fall ist die Lösung schnell gefunden.

Dieses Beispiel war aber nur das Demonstrationsbeispiel für eine ganze Serie solcher Tests und man kann sich vorstellen, dass sich beliebig komplizierte Regeln bilden lassen, an denen man schließlich auch beliebig lange herumknobelt. Daher gilt die Regel bei allen solcher Tests: Innerhalb der vorgegebenen Zeit wird man mit der Testbatterie nie fertig, oder vielmehr: Die Tests sind so angelegt, dass man nie fertig wird! Bei diesem ersten und härtesten Testabschnitt der ganzen Auswahl wurde am stärksten gesiebt. Nur einer von 4 Bewerbern kam durch, sodass nur noch 55 Kandidaten für den nun folgenden psychologischen Testabschnitt übrig blieben.

Die Psyche

Mit verschiedenen psychologischen Tests wurden Persönlichkeitsmerkmale bestimmt und in einem Gespräch mit drei Psychologen noch einmal genauestens hinterfragt. Hierzu ist nicht viel zu sagen. Man sollte nur erwähnen, dass die beste Taktik die ist, so zu sein, wie man ist. Erstens ist das am einfachsten und zweitens sind die Test meist so angelegt, dass unwahre Antworten zu Inkonsistenzen zwischen den Tests führen. Sollten dann die Tester den leisesten Verdacht haben, der Bewerber will sich „schönen“, ist man sofort draußen. Bei der großen Auswahl an Bewerbern hat man es nicht nötig, einen Verdächtigen weiter mitzuschleppen.

Der Positionstest. Einfaches Testbeispiel für logisches Denken.

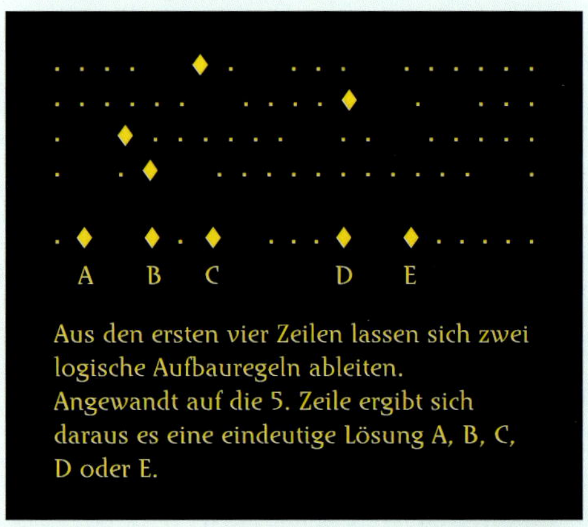

Aus den ersten vier Zeilen lassen sich zwei logische Aufbauregeln ableiten. Angewandt auf die 5. Zeile ergibt sich daraus es eine eindeutige Lösung A, B, C, D oder E.

Die Regel in diesem Beispiel lautet: Der Diamant steht abwechselnd an der ersten und letzten Stelle der zweiten Gruppe. In der vierten Zeile steht er an der letzten Stelle, daher muss er in der 5. Zeile an der ersten Stelle stehen. Also ist Lösung B richtig.

Auswahl der Astronauten für die D-2 Mission

August 1986
Zeitungsanzeigen und
Kampagne in den Medien

1. Auswahlabschnitt:

Vorauswahl

Auswahl anhand von Bewerbungsunterlagen und eines allgemeinen medizinischen Fragebogens

Formale Auswahlkriterien:

- Abgeschlossenes Hochschulstudium in Physik, Chemie, Biologie, Medizin oder Ingenieurwissenschaften
- Wissenschaftliche Berufserfahrung
- Ausgezeichnete Englischkenntnisse
- Gute physische und psychische Kondition
- Einwandfreie Gesundheit, auch der Vorfahren
- Körpergröße zwischen 153 und 190 cm
- Nicht älter als 35 Jahre
- Deutsche Staatsbürgerschaft

Anzahl der Bewerber: 1799
Bestanden: 321

2. Auswahlabschnitt:

Psychologische und medizinische Untersuchungen

Auswahl hinsichtlich wissenschaftlicher Kenntnisse und operationeller Leistungs- und Reaktionsfähigkeiten und allgemeiner Belastungsfähigkeit im medizinischen Bereich

Eingeladene Bewerber: 321
Teilnehmer erschienen: 245

Psychologische Auswahlkriterien:

- Allgemeine Fähigkeiten
- Englischkenntnisse
- Physikalisch-technische Kenntnis und Verständnis
- Mathematisch-logisches Denken
- Merkfähigkeit
- Räumliche Orientierung
- Psychomotorische Koordination und Geschicklichkeit
- Mehrfachbelastung

bestanden: 55

Persönlichkeitsmerkmale

- Motivation
- Festigkeit
- Mobilität
- Vitalität
- Extrovertiertheit
- Persönliche Ausstrahlung (Wärme)
- Durchsetzungsvermögen
- Dominanz
- Emotionale Stabilität

bestanden: 23

Medizinische Auswahlkriterien:

- Herz-Kreislaufsystem
- Hormonelle Regulationssysteme
- Organische Funktionen
- Hals-, Nasen- und Ohrenfunktionen
- Augenfunktionen
- Magen-Darmfunktionen
- Vestibulare Belastungen
- Neurologische Funktionen

bestanden: 13

3. Auswahlabschnitt:

Endauswahl

Gespräch eines 13-köpfigen Gremiums mit den Kandidaten, um ihre Leistungsfähigkeit bei Ausdruck, Sprache, Selbstdarstellung und Identifikation mit dem Weltraumprogramm sicherzustellen

Bewertungskriterien:

- Akademische Ausbildung
- Operationelle Leistungsfähigkeit
- Loyalität
- Öffentliches Auftreten
- Persönliche Integrität
- Team-Integrationsfähigkeit
- Belastbarkeit

Eingeladene Kandidaten: 13
Ausgewählte Astronauten: 5

Die ausgewählten Astronauten:

Hans Schlegel, Dr. Renate Brümmer, Dr. Gerhard Thiele, Dr. Ulrich Walter, Dr. Heike Walpot

Was zum Teufel machen Wissenschafts-Astronauten im Himmel?

– Eine kleine Einführung in Weltraumexperimente

So schön und interessant die neuen Erfahrungen eines Astronauten in der Schwerelosigkeit und beim Blick auf die Erde auch sein mögen, seine eigentliche Aufgabe ist, eine Vielzahl von Experimenten in relativ kurzer Zeit durchzuführen. Was sind das für Experimente? Kann man die nicht auch irgendwie auf der Erde durchführen? Braucht man dazu unbedingt die Astronauten?

Fast alle Experimente im Weltraum nutzen die Schwerelosigkeit in irgendeiner Form für ihre Fragestellungen. Dass Schwerelosigkeit so ganz andere Verhältnisse hervorruft, als man sie in der Erdschwere gewohnt ist, soll an einem ersten, ganz einfachen Beispiel gezeigt werden:

So „kocht" Wasser entlang eines heißen Drahtes im All.

Wasser kochen im Weltraum

Zunächst: „Wie kocht man Wasser auf der Erde?" Man nimmt einen Topf kaltes Wasser, stellt ihn auf die heiße Herdplatte und wartet. Die Platte erhitzt den Boden des Topfes und dieser das dort befindliche Wasser. Warmes Wasser ist aber leichter als kaltes Wasser. Es steigt im Topf auf und dafür gelangt neues kaltes Wasser an den Topfboden. Die so entstehende Zirkulation von kaltem Wasser nach unten und warmen nach oben nennt man Konvektion. Sie mischt das Wasser im Topf, sodass alles relativ gleichmäßig heiß wird. Schließlich bilden sich bei 100°C die ersten Kochblasen auf dem Boden. Gelangen sie ins leicht kältere darüber liegende Wasser, kollabieren sie aber sofort wieder: Der Topf knackt! Die aufsteigenden Blasen verwirbeln das Wasser noch besser, bis das Wasser gleichmäßig 100°C hat und das Wasser nicht mehr knackt, sondern gleichmäßig sprudelt.

Das Gleiche nun in der Schwerelosigkeit. Statt der Herdplatte reicht ein Heizdraht. Der heiße Draht erhitzt das Wasser um ihn herum. In der Schwerelosigkeit gibt es aber kein „leichter" und „schwerer". Das heiße Wasser steigt also nicht auf, sondern wird vom Draht nur noch mehr erhitzt, bis es relativ schnell zu Blasen verkocht. Auch diese steigen nicht auf, sondern legen sich wie Perlen auf einer Kette um den Heizdraht und schirmen ihn vollständig gegen das restliche Wasser ab. Der Draht kann seine Wärme nicht mehr abgeben, beginnt zu glühen und brennt durch. Aber das Wasser bleibt kalt! Wasser lässt sich im Weltraum nicht zum Kochen bringen, jedenfalls nicht so!

Das All ist ein idealer Ort also für entsprechende Experimente. So baute die ESA Anfang der 80er Jahre als europäischen Beitrag zum amerikanischen Shuttle das europäische Raumlabor Spacelab. Seitdem nutzen die Europäer und Amerikaner gemeinsam diese Möglichkeit zum besseren Verständnis der Naturvorgänge.
Interessanterweise kann im Prinzip jedes Gebiet der Wissenschaft von der Schwerelosigkeit profitieren.
Exemplarisch möchte ich davon zwei Experimente vorstellen:

Das europäische Raumlabor Spaclab ist bereits verschiedentlich in Büchern beschrieben worden. Wem es um einen Eindruck über den Aufbau und die Arbeit an Bord des Spacelab geht, der sollte einen Blick in das Buch meiner Kollegen von der D1-Mission werfen (D1 – Unser Weg ins All / Ulf Merbold ..., Westermann Verlag, Braunschweig, 1985, ISBN 3-07-508886-2).

Einen schönen Überblick über die wesentlichen Experimente gibt das Buch „Research in Space – The German Spacelab Missions", P.R. Sahm, M.H. Keller, B. Schiewe (editors), ISBN 3-89100-021-9. Im Detail ist jedes Experiment beschrieben in: Symposium on Scientific Results of the German Spacelab Mission D1, Peter R. Sahm (editor), ISBN 3-89100-013-8 und Symposium on Scientific Results of the German Spacelab Mission D-2, Peter R. Sahm (editor), ISBN 3-89100-025-1.

Brennt eine Kerze in der Schwerelosigkeit?

Bereits Einstein soll sich mit dieser kniffligen Frage beschäftigt haben. Auf den ersten Blick scheint die Situation analog zum kochenden Wasser. Auf der Erde „lebt" die Flamme von der Konvektion der heißen aufsteigenden Luft und der von unten zugeführten kalten Luft mit frischem Sauerstoff. Im Weltraum hingegen gilt: Keine Konvektion – also auch keine Flamme. Die Sache ist bei genauem Hinsehen jedoch komplizierter. Da gibt es noch die so genannte Diffusion. Ein ganz schwacher molekularer Prozess nur, der durch die Wärmebewegung der Luftmoleküle einen Sauerstofftransport zur Flamme hin bewirkt. Die Frage, die Einstein nicht löste und die bis vor kurzem unbeantwortet blieb, war also: Reicht die äußerst schwache Sauerstoff-Diffusion der Luft allein aus, eine Flamme am Leben zu erhalten?

Was liegt näher, ein Experiment in der Schwerelosigkeit durchzuführen, das endlich Antwort auf diese grundlagentheoretische Frage gibt. Das Experiment wurde auf dem Shuttle durchgeführt und die erstaunliche Antwort, mit der die wenigsten gerechnet hatten, lautet:
Auch dort brennt eine Flamme!

In der Schwerelosigkeit des Alls brennt eine Kerze völlig anders – klein, rund und blau.

Es fällt aber die runde Form und die veränderte Farbe der Flamme auf.
Sie ist (fast) rund, weil sie nach allen Seiten gleichmäßig brennt (bis auf die Seite, wo dies der Docht verhindert) und keine Konvektion mehr die Flamme formt. Und sie ist blau, weil die Flamme extrem heiß ist. Wegen der fehlenden Konvektion kann die Hitze durch die Luft nicht „weggetragen" werden, sondern mit dem Licht nur abgestrahlt werden. Diese ungewöhnliche Farbtemperatur zeigt, dass die Flamme sogar heißer ist als die Sonnenoberfläche, die „nur" weiß strahlt.

Das Gelb einer Flamme auf der Erde wird hervorgerufen durch die geringen Bestandteile von Natrium im Wachs. Natrium strahlt bei relativ geringen Temperaturen ein intensives Gelb aus, das auch in den Natriumdampflampen der Straßenbeleuchtungen genutzt wird.

Wie bekommt man Aluminium steif – und trotzdem leicht?

Das Beispiel des Audi A8 „Space Frame“

Jedes Kilogramm Autogewicht kostet Sprit. Karosseriestahl ist schwer, Aluminium hingegen leicht. Aber jeder, der einmal mit Aluminiumbesteck gegessen hat, kennt den großen Nachteil von Aluminium, es ist sehr weich (duktil). Wie bekommt man Aluminium so steif wie Stahl – aber trotzdem leicht? Das war die Frage der Karosseriebauer. Es gibt einen bekannten Trick. Ein bisschen Silizium bei hohen Temperaturen gleichmäßig mit dem Aluminium verschmolzen kristallisiert beim Abkühlen in ein so genanntes Phasengitter aus. Das Phasengitter ist ein fein verteiltes Netz aus Silizium, das dem Aluminium Festigkeit verleiht, genauso wie Stahlgitter dem Beton. Je feiner das Gitter, umso fester das Aluminium. Die Frage der Karosseriebauer also lautet: Wie bekommt man das Gitter möglichst fein? Die Feinheit, das wusste man, wird neben der Abkühlgeschwindigkeit, die durch den Produktionsprozess vorgegeben ist, von den Mikrokonvektionen während der Kristallisation bestimmt. Je weniger Konvektionen, umso feiner ist das Gitter. Die Antwort auf die Frage würde also lauten: „Produziert das Aluminium im Weltraum, dort gibt es keine Konvektionen!“

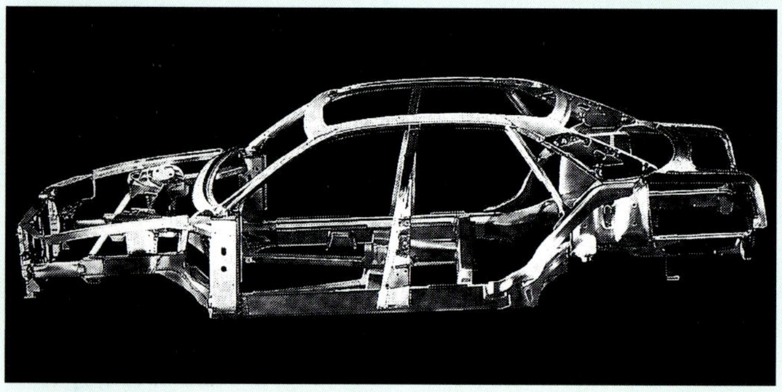

Die Rahmenkonstruktion Space Frame des Audi A8 basiert dank im Weltraum durchgeführter Experimente überwiegend auf Aluminium.

Die Feinheit des Gitters misst man mit dem so genannten Phasenabstand, dem mittleren Abstand zwischen den Siliziumstäben. Je kleiner der Phasenabstand bei vorgegebener Siliziumkonzentration ist, umso dünner sind natürlich auch die Stäbchen, was der Festigkeit jedoch keinen Abbruch tut.

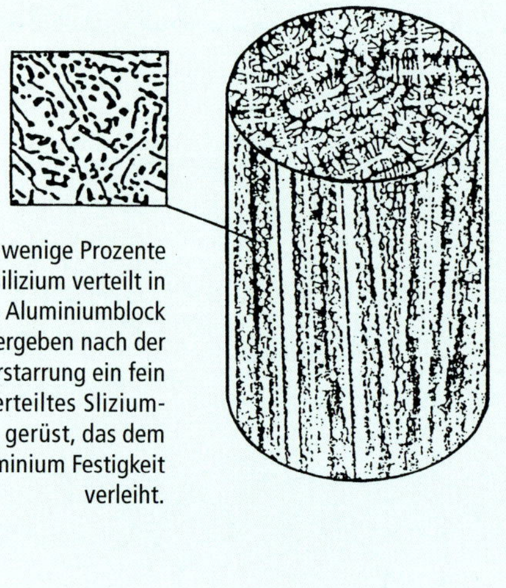

Nur wenige Prozente Silizium verteilt in einem Aluminiumblock ergeben nach der Erstarrung ein fein verteiltes Slizium-gerüst, das dem Aluminium Festigkeit verleiht.

„Heuristisch“ sagen die Wissenschaftler immer dann, wenn ihnen die Theoretiker nicht mehr weiterhelfen können. Dann probieren sie einfach mal dies und mal das aus, bis das mehr oder weniger zufällige Resultat die gesuchte Eigenschaft hat. Warum das Resultat dann diese Eigenschaft hat, versteht man dann zwar nicht, aber man hat wenigstens eine Lösung. Das Ganze nennt man vornehm heuristisch.

Dies wäre die ultimative Lösung. So weit ist die Menschheit noch nicht. Die nächstbeste Lösung ist die, mit verschiedenen Konvektionsdämpfungsverfahren für die irdische Produktion auf heuristischem Wege feinere Gittern zu ermitteln. Damit sich der Aufwand dieser „Trial and Error“-Methode in Grenzen hält, braucht man dann wenigstens die Kenntnis, was das feinstmögliche Gitter ist. Das weiß man heute – ein Experiment auf unserer D-2 Mission hat dieses Wissen geliefert.

Silizium-Phasengitter in Aluminium

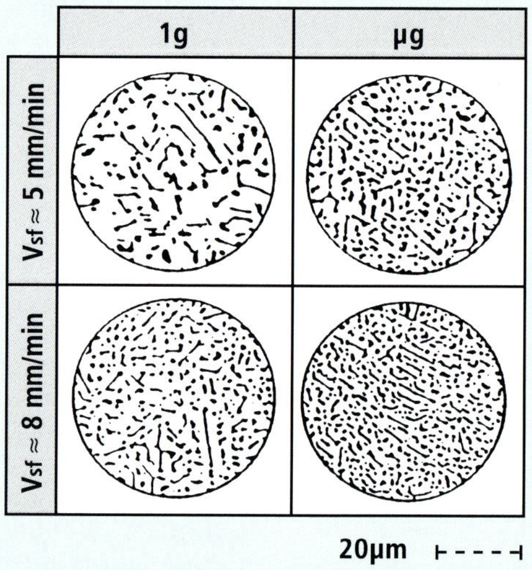

Die metallographischen Querschnitte von AlSi7-Proben (7% Silizium) erzeugt auf der Erde (1 g) und in der Schwerelosigkeit (μg) bei zwei verschiedenen Abkühlgeschwindigkeiten (Vsf ≈ 5 mm/min bzw. 8 mm/min). Obwohl die Probenqualität mit größerer Abkühlgeschwindigkeit zunimmt, zeigen die Weltraumproben eine stets feinere Verteilung des Siliziums.

Im Vergleich der Proben erkennt man, wie die Proben aus der Schwerelosigkeit bei vorgegebener Abkühlgeschwindigkeit erwartungsgemäß ein jeweils deutlich feineres Gitter aufweisen. Wenn man nun auf der Erde neben Silizium der Schmelze noch andere bestimmte Elemente beimischt und zwar eine spezielle Kombination von Natrium, Strontium und …, dann erhält man nach gegenwärtigem Wissen, das optimale auf der Erde herstellbare Gitter, das im Audi A8 „Space Frame“ für eine optimale Steifigkeit sorgt.

Diese Pünktchen und die genaue Mischung dieser zusätzlichen Elemente macht das gehütete Geheimnis eines optimalen Gitters auf der Erde aus.

Dieses letzte Beispiel zeigt das besondere Potential von Weltraumexperimenten. Sie vermitteln Wissen, das auf der Erde gar nicht oder wenn überhaupt nur sehr schwer zu gewinnen wäre, und hilft so auf der Erde, Produktionsprozesse für High-Tech-Produkte zu optimieren oder manchmal gar erst zu ermöglichen. Genau das ist es, was ein Land wie Deutschland braucht, das bereits heute und mehr noch in der Zukunft nicht von der Rohstoffgewinnung, sondern von der Rohstoffveredelung lebt. Raumfahrtforschung ist ein wesentlicher Faktor im Getriebe der High-Tech-Industrie. Um so unverständlicher ist die deutsch-nationale Weltraumpolitik, die sich aus diesem Bereich mit der MIR'97 Mission vorerst verabschiedet hat. Deutschland und Europa haben mit einer halbherzigen Zusage für ein kleines Forschungsmodul, das sie zur Hälfte bereits wieder an die USA verkauft haben, dieses Feld vollkommen den Vereinigten Staaten und den Japanern überlassen, die mit mehreren großen Modulen das Wissen in Zukunft ernten und natürlich, wie bisher auch, für eine weltweite Dominanz entsprechender High-Tech-Sparten nutzen werden.

Wozu braucht man für solche Experimente einen Astronauten? Lässt sich das nicht alles auch automatisieren oder von Robotern übernehmen? Das Phantasiegespinst vollautomatischer Experimente ist eine Utopie. Kein Labor der Welt läuft vollautomatisch. Im Gegenteil, an der Front zu neuem Wissen kommt es immer wieder zu überraschend andersartigen und unvorhergesehenen Prozessen, in die man manuell eingreifen, sie unter anderen Randbedingungen wiederholen und dabei die immer wieder auftauchenden Fehler beseitigen muss. Ein Beispiel. Während der D-2 Mission zersplitterte beim Abkühlprozess eine Probe, mit der die Haltbarkeit und Optimierung von Turbinenblättern von Düsentriebwerken untersucht werden sollte. Der Ofen war unbrauchbar geworden, die folgenden Experimente hätten nicht mehr durchgeführt werden können. Mit einem Staubsauger bewaffnet reinigten zwei Astronauten den Ofen, womit dieses Problem kurzerhand beseitigt war.
Wie könnte ein Roboter außerdem überhaupt und schlimmer noch kurzfristig D-2 Astronauten ersetzen, die kleinste Pilzkeime beurteilen und danach selektiv mit Schere und Pinzette entfernen und chemisch fixieren sollen? Das ist manuelle Feinstarbeit, die auch bis heute und für lange Zeit in keinem Labor der Welt dem Roboter überlassen wird. Selbst die dagegen relativ einfache und profane Hausarbeit, wie etwa das Staubsaugen, konnte bisher nicht von Robotern übernommen werden, obwohl bereits in den 50er Jahren prophezeit, und sie werden es auch nicht auf absehbare Zeit übernehmen können. Der Mensch ist in seiner Flexibilität unschlagbar. Das ist das Grund, warum dem Dienstleistungsgewerbe in Zukunft goldener Boden vorausgesagt wird und nicht sein Untergang durch Roboterersatz.

Aber sind denn bemannte Missionen nicht um ein Mehrfaches teuerer als unbemannte? Dieses Argument ist eine alte Mär. Es wird gerne als Argument von eindimensional denkenden Raumfahrtgegnern ins Feld geführt und ist schlichtweg falsch. Die Vollkosten der D-2 Mission mit einer Nutzlast von 6,3 Tonnen für 89 Experimente, an der tausende Mitarbeiter über mehr als 6 Jahre beteiligt waren, haben 890 Millionen Mark betragen. Im Vergleich dazu betrugen die Vollkosten für die vergleichbare, unbemannte EURECA 1 Mission, die im August 1992 ebenfalls auf dem Shuttle in den Weltraum flog, mit seinen nur 4,4 Tonnen Nutzlast für insgesamt 15 Experimente 807 Millionen DM. Wie immer man die Effektivität der beiden Missionen vergleichen mag, als Kosten pro Nutzlast oder Kosten pro Experiment, die bemannte D-2 Mission schneidet hierbei erheblich günstiger ab. Die bemannte Raumfahrt mit ihren Kosten ist nur deswegen in die Kritik geraten, weil sie im Rampenlicht der Öffentlichkeit steht und deswegen – und berechtigterweise – auch finanziell hinterfragt wird. Welcher Bundesbürger kennt die erfolgreiche EURECA-Mission, die ihm eigentlich teuerer zu stehen kam? Ganz zu schweigen von den vielen anderen nützlichen und notwendigen Raumfahrtmissionen, wie der europäische Radarsatellit ERS-1 (Kosten 1,5 Milliarden DM und weithin unbekanntem Nutzen) und dem zukünftigen europäischen Umweltbeobachtungs-Satelliten ENVISAT (Kosten 4,5 Milliarden DM, Start Mitte 1999). Sie alle dienen dem Nutzen der Menschheit und vollziehen sich im Stillen.

Astronauten im Noteinsatz. Die Splitter einer geborstenen Probe in einem röhrenförmigen Ofen werden begutachtet und danach mit einem Staubsauger säuberlich entfernt. Der Ofen ist wieder einsatzfähig. Mit Robotern wäre die Instandsetzung unlösbar - es ist jedoch ein Kinderspiel für Astronauten.

Eiswüsten

Antarktis, Drake-Passage, Eisschollen

Einsame, aber bezaubernde Gebiete unserer Erde. Was fasziniert, ist einzig ihre karge Schönheit, das einfache Spiel verschiedenartigster Weißtöne bis hin zum Schwarz der Schatten. Neben den Sandwüsten belegen sie als typisches Beispiel die alte Regel der Astronauten, die besagt: Dort, wo kein Mensch leben kann, ist unsere Erde wunderschön und dort, wo er sie besiedelt, ist sie nicht oder nicht mehr so schön!

Grönland, Südostküste
mit Küsteneis

Russland, Pazifik,
Halbinsel Kamtschatka,
Kronotskij Bucht

Russland, Pazifik,
Halbinsel Kamtschatka,
Halbinsel Sipunskij
östlich von
Petropavlovsk

Grönland

Russland, Pazifik, Packeis
im Ochotskischen Meer
vor der Insel Sachalin

Argentinien,
Viedma See mit Gletschern
(rechts Norden)

Der Countdown läuft!

Kurz vor dem Start von Apollo 13 vermuteten die NASA-Ärzte bei Ken Mattingly eine Infektion mit Kindermasern durch eines seiner Kinder, und er wurde daraufhin durch Jack Schweigart ersetzt. Wer den authentischen Kinofilm Apollo 13 kennt, der im Detail den fast tödlichen Ausgang der Mondmission beschreibt, weiß, dass er im Nachhinein darüber wohl nicht allzu betrübt gewesen sein muss. Im Gegenteil, auf Apollo 16 erhielt er nochmals eine Chance, die ihn dann schließlich doch noch auf den Mond brachte.

Seit Apollo 13 werden die Astronauten in den letzten Tagen vor dem Start in einer Quarantänestation von der Außenwelt abgeriegelt und es beginnt für sie ein Leben in Sterilität, zum Schutz vor Ansteckungen. Aber die Quarantäne ist weit mehr als das, sie schützt den Astronauten ebenso vor dem Stress der letzten Tage, in denen jeder noch schnell etwas von den Astronauten will. Hier in der strikten Abgeschiedenheit dringen nur noch die wichtigsten Informationen zu ihm durch. In der Hektik so kurz vor dem Start hat man eigentlich nicht die Zeit für solche Muße. Das Gute ist, die NASA schreibt sie vor. Man muss sie sich einfach nehmen!

Die Regeln in der Quarantäne sind so einfach wie strikt: Keine Kinder unter sechzehn Jahren, auch nicht die eigenen, wegen möglicher Kinderkrankheiten. Jeder Quarantäne-Astronaut darf drei Erwachsene benennen, die Zutritt zu ihm haben und die dazu medizinisch gründlich untersucht werden. Dazu die wichtigsten Mitarbeiter und das Quarantänepersonal. Dieser restriktive Zugang wird durch Geheimkodes an den Zahlenschlössern der Außentüren sichergestellt, die sich von Mission zu Mission und bei Bedarf auch öfter ändern. Jeder Besuch ist vorher anzumelden.

Die letzten Tage in Houston

„Ich bin jetzt einen Tag in Quarantäne und ich muss sagen, bisher war es so, dass mich eigentlich der Gedanke an den Flug gar nicht so berührt hat. Man hat mich immer gefragt, ob ich nervös sei oder so und ich musste sagen, nee, es geht alles seinen gewohnten Gang. Aber dadurch, dass man jetzt in eine andere Umgebung kommt, man von der Familie weg ist, da merkt man schon ganz genau, dass sich die Dinge ändern und dass der Start näher kommt. Und damit ändert sich auch das Bewusstsein und das Nachdenken über den Start."

Die Quarantäne beginnt in Houston. Vom Bürogebäude der Astronauten aus befindet sie sich nur zwei Häuserblocks weit entfernt. Ein unscheinbares Flachgebäude mit nur einem Fenster, stets verhangen mit Jalousien, und zwei Zugangstüren. Eine Oase der Ruhe. Das Leben hier ist beschränkt auf einen großen Arbeitsraum, der Mittelpunkt aller Aktivitäten, ein Speisezimmer, Küche, Toilette und für jeden Astronauten ein Schlafraum. Bis auf das Speisezimmer, alles fensterlos! Denn die Quarantäne dient auch zur Zeitumstellung für die jeweiligen Astronauten auf die Nachtschicht an Bord des Shuttles. Grellstes Licht aus der von Neonröhren vollständig bedeckten Zimmerdecke verwandelt das Arbeitszimmer nachts in einen nahezu unerträglich gleißend-hellen Sommertag und zwingt so die Nachtschicht unerbittlich, aber doch sehr effektiv zur Zeitumstellung. Dabei lässt das künstliche Neonlicht alle Gesichter fahl erscheinen und man hat den Eindruck, alle Astronauten litten unter einer Art Dauermüdigkeit.

Der große Arbeitsraum ist der zentrale Aufenthaltsort und wird bestimmt durch einen großen, einfachen Tisch genau in der Mitte des Zimmers. Jeder geht unterschiedlichen Tätigkeiten nach: Der eine arbeitet die Prozeduren durch – seitenlange, detaillierte Auflistungen aller an Bord durchzu-

Die Crew in den T-38 Jets im Anflug auf die Shuttle-Landebahn des Kennedy Space Centers.

führenden Arbeiten –, ein anderer macht sich noch einmal mit der Handhabung der verschiedenen Spezialkameras vertraut, Dritte sehen die neuesten Nachrichten oder was immer der Fernseher zu bieten hat und irgendeiner telefoniert oder faxt immer mit Geräten, deren Nummern in keinem Telefonbuch der NASA zu finden sind.

Direkt nebenan befindet sich das etwas wohnlichere Esszimmer mit dem einzigen Fenster der Quarantäne und mit Blick auf das Wäldchen und den Joggingpfad. In dem fast schon tristen Einerlei des Quarantänelebens wird das gemeinsame Essen mit den wenigen Gästen automatisch zum Höhepunkt eines jeden Quarantänetages. Zu einer vorher abgesprochenen Tagesmahlzeit, meist zum Mittagessen, darf jedes Crewmitglied je eine Person einladen. Die Stimmung dabei ist zwar locker, aber dennoch irgendwie unnatürlich und gedämpft, denn jeder spürt, dass es ernst wird – eine Stimmung fast so wie im Krankenhaus. Der Besuch bleibt leider kurz. Weil der Aufenthalt der Gäste im Arbeitsraum und den Schlafräumen von der NASA unerwünscht ist, verlassen die Gäste üblicherweise nach einer Stunde bereits wieder die Quarantäne.

Weltraumbahnhof Kennedy Space Center

Für körperliche Aktivitäten steht eine eigene kleine Sporthalle mit Fitnessgeräten zur Verfügung, und wem das nicht reicht, kann auf einer etwa 200 Meter langen Rundstrecke durch ein kleines, abgegrenztes Wäldchen seine Bahnen ziehen. Selbst auf dem gesamten weitläufigen Gelände der NASA darf man sich im Prinzip frei bewegen, mit der Maßgabe, sich keinem Menschen auf unter 7 Fuß, also etwa 2 Meter, zu nähern. Das schließt zwar den Besuch von Gebäuden aus, aber Astronauten nutzen gewöhnlich auch die weitläufigen Straßen zum Joggen.

Für den eventuellen und unausweichlichen Notfall, anderen Menschen näher als 7 Fuß treten zu müssen, führt jeder eine blaue Mund-Nasen-Maske bei sich, wie sie bei chirurgischen Eingriffen benutzt wird, die beim Gegenüber zunächst Verwunderung, aber später Freude über diese ungewöhnliche Begegnung auslöst.

„Es wird jetzt wirklich ernst. Ich habe vielleicht sogar ein bisschen Sorge, dass etwas passieren könnte. Ein Gedanke, ganz kurz nur, aber immerhin, den ich bisher nicht hatte."

Vier Tage vor dem Start fliegt die Crew in den weiß-blauen, NASA-eigenen, starfighterähnlichen T-38 Jets in Formation zum Kennedy Space Center nach Florida, wo sie auf der SLF landet.

Die SLF, die Shuttle Landing Facility (Shuttle-Landeeinrichtung) wie es im schlichten Sprachgebrauch der NASA heißt, ist eigentlich die primäre Landebahn für das Shuttle nach einem erfolgreichen Raumflug. Sie befindet sich nur wenige Kilometer neben den beiden Startrampen des Kennedy Space Centers. Sie dient gleichzeitig als Notlandebahn, falls kurz nach dem Start etwas Ernstes passieren sollte. Weil aber das Shuttle nur bei Querwinden von maximal 27 km/h landen darf, ist nur das der Grund, warum bei größeren Windgeschwindigkeiten erst gar nicht gestartet werden darf!

Gleich nach der Landung auf der Shuttle-Landebahn gibt es einen kleinen Presseempfang.

Das O&CF, das Orbiter and Checkout Facility-Gebäude, in dem die ins Weltall zu befördernden Nutzlasten, Satelliten etwa oder unser Spacelab, ein letztes Mal auf Herz und Nieren überprüft werden, befindet sich direkt neben dem Hauptgebäude auf dem KSC und ist so weitläufig, dass man dort auch die Quarantäneräume untergebracht hat.

Dort, gleich auf der Landebahn, findet ein traditioneller, kurzer Presseempfang mit Fragen an die Astronauten statt, in gebührendem Abstand natürlich, und danach bringt ein Bus die Crew in das O&CF, in dem sich auch die Quarantäneräume befinden.

Die Crew Quarters, wie die Räume für die Astronauten hier am KSC auch genannt werden, liegt im zweiten Stock, diesmal ohne Kodeschlösser, dafür aber bewacht von einem Sicherheitsoffizier an einem Schreibtisch – direkt vor dem Eingang. Hier ist alles wesentlich größer als in Houston: etwa 13 Einzelschlafräume, mehrere Bäder/Toiletten, ein Freizeitraum mit Stereoanlage, ein Arbeitsraum und ein großes Speisezimmer, und sogar ein Sportraum mit Sauna befinden sich in dieser Anlage. Ein Waschraum mit Waschmaschine und ein Sekretariat mit mehreren Büros befinden sich gleich vorne hinter dem Eingang. Und auch hier derselbe Lebensrhythmus: Die eine Schicht schläft, während die andere arbeitet. Aber das ganz Besondere hier am KSC ist das idyllische Beach House, wo jeder gerne die Seele baumeln lässt.

„Das Wetter ist übrigens hervorragend, obwohl gestern eine Kaltfront hereingekommen ist. ... Gestern war es wunderbar, ich habe draußen im Beach House gesessen in der Halbsonne, ich habe gelesen, es war einfach schön. Ich habe natürlich auch ein bisschen Bräune bekommen. Die Leute sagen mir nach, ich würde Urlaub machen, was nicht so ganz falsch ist ... es ist eben recht nett hier!"

Das Beach House ist ein rotes Holzhäuschen etwa 20 Kilometer entfernt am Strand, seitlich der beiden Shuttle-Abschussrampen, zu dem nur die Astronauten und deren Gäste Zutritt haben. Dieses abgeschiedene Häuschen am Strand ist bei den Astronauten außerordentlich beliebt. Man packt sich in den Crew Quarters eine Kühlbox mit Sandwiches, Keksen und Salat, ein paar Cola-Dosen, dazu ein schönes Buch, das man schon immer mal lesen wollte, holt sich den Schlüssel vom Wandbrett und trägt sich gleichzeitig darauf aus, sodass jeder weiß, wo man steckt, schwingt sich vor dem Quarantänegebäude in eines der beiden Cabrios, die ausschließlich den Astronauten zur Verfügung stehen, und fährt hinaus zum Beach House (Aber Achtung: Auch auf dem Gelände des KSC wimmelt es von Polizeiwagen mit Radarpistolen), wo man dann ungestört seiner Leselust nachkommen kann.

„... Auch die Ruhe ist ganz gut, man kann sich entspannen, über solche Dinge nachdenken. Ich glaube, es wäre vielleicht auch andersherum gar nicht so schlecht, sozusagen gehetzt da reinzusteigen, ohne großes Nachdenken. Einfach reinzusteigen und loszustarten."

Die letzten drei Tage werden bestimmt durch Meetings, in denen hauptsächlich über die Fortschritte des laufenden Countdowns und über die neuesten Wettervorhersagen berichtet wird. Soweit es die Zeit zulässt, absolvieren die Astronauten weiteres Flugtraining mit den T-38 NASA-Jets. Der Commander und Pilot trainieren bis zum letzten Tag vor dem Start auf der nahe gelegenen SLF mit dem STA Shuttle-Landeanflüge. Bei diesen Flügen können auch andere Crewmitglieder mitfliegen, wobei man zum ersten Mal erlebt, wie so ein Shuttleanflug wirklich abläuft und man erstaunt ist, wie steil das Shuttle dabei vom Himmel fällt.

Das Shuttle Training Aircraft, STA, ein Shuttle-Trainingsflugzeug, ist ein zweistrahliger Gulf-Stream II Business Jet der Firma Grumman, dessen Steuerungssystem durch einen zusätzlichen schrankgroßen Rechner an Bord elektronisch so geregelt wird, dass er die Flugcharakteristik eines Shuttles aufweist. Der Commander bzw. der Shuttlepilot, der in einem Shuttle-identischen Cockpit sitzt, muss dabei wie beim wirklichen Shuttleanflug den luftdichten Raumanzug tragen, damit alle Bedingungen möglichst realitätsnah sind.

Film ab!

Bei einer meiner Fahrten zum Beach House hatte ich ein besonderes Erlebnis. Ich verließ das Beach House zu einer Spritztour zu unserer damaligen, nicht weit entfernten Startrampe Pad 39A. Dabei kommt man an dem entsprechend gekennzeichneten militärischen Sperrgebiet der TITAN-Startrampe vorbei, und mir fiel stets ein kleiner Weg auf, der auch zur TITAN-Rampe zu führen schien, aber nicht mit einem Verbotsschild gekennzeichnet war. Also, Gang eingelegt und ausprobiert.

Tatsächlich kam ich direkt vor dem Tor der Rampe an. Kein Mensch war weit und breit zu sehen. Das war die Gelegenheit, einmalige Bilder von der Rampe zu schießen, und ich fingerte meine Kamera hervor, mit der ich praktisch alle alten

Mit diesen Cabrios können sich die Astronauten auf dem Gelände des Kennedy Space Center frei bewegen.

Startrampen aus der Mercury- und Gemini-Zeit bereits abgelichtet hatte. Kaum waren die ersten Bilder geschossen, kam Bewegung in die Idylle. Ein Wächter erschien hinter dem Gitter, der mich barsch aufforderte, stehen zu bleiben und zu warten. Ich wartete. Nur eine Minute später erschien ein Wagen der Militärpolizei mit Blaulicht und Sirene und hielt in ungefähr 6 Meter Abstand vor mir. Zwei Personen stiegen aus und kamen auf mich zu. Ich tat, was ich tun musste, und setzte mir die Maske auf. Das hatte denen anscheinend gerade noch gefehlt. Sie blieben in etwa vier Meter Abstand stehen, zückten ihre Handwaffen und luden durch. Ich saß derweil noch in meinem offenen Cabrio, wo es mir die Sprache verschlug. Sie forderten mich auf, aus dem Wagen auszusteigen und mich umzudrehen. Ich wusste, sie wollten mich durchsuchen, wobei sie mir zu nahe treten würden. Also erwiderte ich, das ginge nicht (die Luft knisterte), fügte aber sogleich hinzu, weil ich als Astronaut des morgigen Shuttlefluges keinen Kontakt mit ihnen haben dürfe. Ihre „Und-ich-bin-der-Kaiser-von-China"-Blicke verrieten mir, dass sie mir nicht glaubten, denn Astronauten in Quarantäne sind auf der Rampe unbemannter TITAN-Raketen nicht gerade alltägliche Gäste, besonders wenn sie nicht akzentfrei sprechen.

Die Situation war brenzlig. Ich versuchte sie also durch Details, die nur Astronauten wissen können, zu überzeugen. Und als ich dann auch noch auf gezielte Fragen die richtige Antworten zu geben schien, hellten sich die Mienen auf. Einer von ihnen nahm per Funk Kontakt mit dem Sekretariat der Quarantäne auf, das ihnen wohl bestätigte, dass sich ein deutscher Astronaut mit genau diesem Namen auf dem Gelände aufhielt (ich hatte mich ja mit Angabe des Ortes auf dem Wandbrett im Crew Quarter ausgecheckt). Das erste Problem war gelöst. Das zweite bestand darin, ihnen den Film aus der Kamera auszuhändigen, worauf sie bestanden; ohne sie zu berühren, worauf ich wiederum bestand. Wir einigten uns darauf, dass ich die Filmkapsel auf die Kante der hinteren Seitentür legte, von wo sie ihn sich dann nehmen könnten, was auch passierte. Mit dem Film in der Hand und sichtlich beruhigt, ließen sie mich daraufhin ohne weitere Einwände fahren.

Ich hatte die ganz Angelegenheit schon vergessen, als ein Monat nach meiner Mission ein kleines Päckchen bei mir im NASA-Büro eintraf – von der Militärpolizei. In einem sehr höflichen Ton entschuldigten sie sich bei mir, dass sie mir den Film hätten abnehmen müssen. Pflicht sei Pflicht! Dafür hatten sie mir den Film entwickelt, von jedem Bild einen DIN-A4-großen Abzug gemacht, den sie beigelegt hatten. Vom Film waren zwar die Bilder von der TITAN-Rampe säuberlich abgetrennt, was ich nicht anders erwartet hatte, ansonsten fehlte aber kein einziges Foto. Ich war gerührt von dieser Höflichkeit, was mich sofort zum Hörer greifen ließ, um mich zu bedanken.

Trainingsflug der Astronauten in den NASA-Jets T-38.

„Man kann natürlich nicht verbergen, dass immer eine leichte Sorge mitschwingt, dass auch wirklich alles gut klappt. Das Ding ist schon saukompliziert, wenn auch mehrfach abgesichert und redundant. Vielleicht aber auch deswegen ist es nicht ganz so berechenbar. Das hat aber überhaupt nicht zu sagen, dass ich da nicht jeden Augenblick reinsteigen würde. Wenn ich das Ding so sehe, dann habe ich keine Zweifel daran, dass ich da einsteige."

„Heute Morgen beim Briefing mit Eileen, das ist die ASP, also diejenige, die uns betreut bis zum Einstieg ins Shuttle, da kriegt man Herzklopfen, weil irgendwie wurde alles so real, als wärst du wirklich dabei. Ein Gefühl wie bei einer Prüfung, als würde es wirklich ernst werden. Das war interessant. Es ist schnell wieder vergegangen, aber immerhin es war da!"

„Es ist etwa 15.30 h und ich habe mir etwas Zeit genommen und bin raus zum Pad gefahren und stehe so etwa 200–300 Meter von dem Ding entfernt und guck mir das mal in aller Ruhe an. Man könnte auch sagen, ich wollte es so richtig genießen. Die Sonne scheint herrlich, wirft ein paar Schatten drauf. Das will man so alles einsaugen. Es steht so richtig majestätisch da, man kann's kaum glauben, dass man da oben in das kleine Ding einsteigt und dann geht's los!"

Am Abend des dritten Tages vor dem Start gibt es ein großes Essen im Speiseraum der Crew Quarters mit allen zugelassenen Personen; neben den besagten drei Personen pro Astronaut auch die persönlichen Helfer und Ärzte. Am Mittag des nächsten Tages dann eine ausgelassene Barbecue-Feier im Beach House, an der vier weitere Personen pro Raumfahrer teilnehmen dürfen. Alle eingeladenen Gäste müssen sich zuvor an diesem Morgen einer gesonderten medizinischen Untersuchung unterziehen. Am letzten Tag vor dem Start ist kein weiterer Besuch mehr in den Crew Quarters erlaubt, sondern höchstens privat draußen im Beach House.

„Eine gewisse Unruhe verbreitet sich in einem. Ich bin heute allein hier im Beach House ... Es ist gar nicht so schlecht, dass ich hier allein bin. Man liegt hier so – denkt nach. Man ist wie ... ein Kaninchen vor der Schlange, man achtet ganz gespannt auf den morgigen Tag. Man überlegt sogar, ob man sein Leben gut geregelt hat, wie gesagt, mit einer gewissen Unruhe im Herzen. Auf der anderen Seite aber auch mit einer gewissen Gelassenheit. Man weiß, man ist gut vorbereitet. Man weiß, die Leute haben ihr Bestes getan."

Am Abend vor dem Start findet das traditionelle Night-Viewing statt, ein Treffen mit vielen engen Verwandten und Bekannten draußen an der Startrampe, auf der das bereitstehende Shuttle mit hunderten von Scheinwerfern taghell beleuchtet wird. Es können je zehn von den Astronauten beliebig bestimmte Personen plus Kleinkinder teilnehmen. Und weil es bei so viel Leuten und Kindern keinen zuverlässigen Quarantäneschutz geben kann, spielt sich alles hinter Absperrungen auf mindestens sieben Fuß Entfernung zwischen den Besuchern und den Astronauten ab. Dies ist der Augenblick vor der Mission, wo man seine Familie, seine Verwandten und Freunde zum letzten Mal sieht. Bis zum Start sind nun die NASA-Beschäftigten in der Quarantäne die Einzigen, die engen Kontakt zur Crew haben.

„Alles in allem kann ich nur sagen, die Quarantäne, diese sieben oder acht Tage, die war wirklich gut. Die Entspannung hat gut getan. ... Sehr gut, wenn man so was hat, weil man sich auch ein bisschen konzentrieren kann und mit der Familie zusammen sein kann."

„Ich muss sagen, die Woche hier in der Quarantäne vor dem Start hat den geistigen Umschwung gebracht."

Dieser Anblick des Shuttles ist für mich der schönste und ergreifendste, den ich kenne. Das Shuttle in seinem Weiß erstrahlt unter den abertausenden Watt starken Strahlern wie eine wahrhaft überirdische Erscheinung. Mit seiner gigantisch majestätischen Größe, die kristallklar und übermächtig in der Schwärze der Nacht vor einem steht, lässt es einem ehrfurchtsvoll den Schauer über den Rücken laufen. Es ist wie die Ankunft eines außerirdischen Raumschiffes direkt vor den eigenen Augen.

Zu diesem kleinen Kreis von NASA-Mitarbeitern gehört auch eine sehr ungewöhnliche Dame. Ihr Name ist Legende: Nancy Gunter. Eine äußerst charmante und aparte Dame von inzwischen über 50 Jahren, mit halblangen, grau melierten Haaren. Sie ist die Seele der Quarantäne am KSC und das seit den ersten Raumflügen der NASA! Aus Gesprächen und Erzählungen älterer Astronauten lässt sich erahnen, welch junge, attraktive Frau sie Mitte der 60er Jahre gewesen sein muss. Auch damals schon war sie eine der wenigen Personen, die bis kurz vor dem Start engen Kontakt zu den Astronauten hatten. Es ist daher nicht verwunderlich, dass sich viele Gerüchte über ihr wahres Verhältnis zu den damaligen Astronauten ranken. Es war aber auch interessant von ihr zu erfahren, wie sie mir „ihre" Astronauten beschrieb und wie sie sich durch die Raumflüge veränderten – siehe auch den Abschnitt „Hat man sich verändert?" (Seite 152).

Das Shuttle auf der
Startrampe beim
Night Viewing.

Mali, Inlanddeltas beim Faguibine See, Timbuktu

Namibia, Namib Wüste bei der Conception Bucht

Niger, Massif de Termit

Niger, Ténéré Wüste

So unwirtlich und lebensfeindlich sie auch sein mögen, sie sind das Reizvollste, was die Erde zu bieten hat – aus dem Weltraum

Sandwüsten

betrachtet. Dabei sind die wichtigsten Elemente einfach und immer dieselben: Sand, Felsen, Erde. Die Natur erst formt daraus Kunstwerke, indem sie mit den Farben und Formen dieser Elemente spielt, in unendlicher Variation.

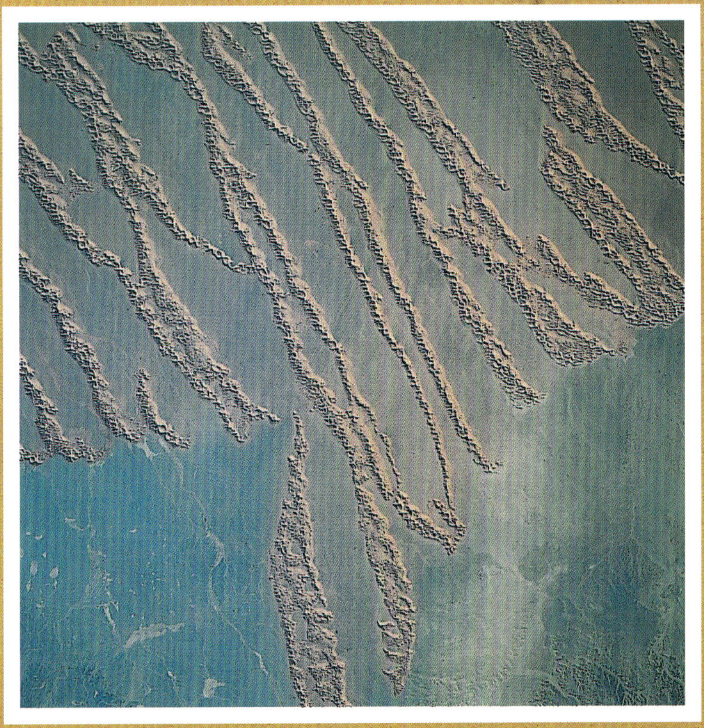

Saudi Arabien,
Lineare Sanddünen

Algerien,
Tassili N'Ajjer Gebirge,
Erg Tifernine und
Erg Issaouane

Algerien,
Gebirgsformationen
in den Sanddünen
des Erg er Raoui
südlich Beni Abbes

Mauretanien,
nahe der Stadt Atar

Mauretanien,
Qalb el Rishat,
Richat-Struktur
(unten Norden)

Starttag

Hans Schlegel war mein deutscher Kollege an Bord der D-2 Mission.

„Habe vor zwei Tagen einen Brief auf meinem Schreibtisch gefunden … nicht auf meinem, der Hans hat ihn gekriegt, von jemandem aus Aachen. Er hat in seinem Traum gesehen, wie sich das Shuttle zu weit rüberneigte und dann ins Meer stürzte. Er meinte, er wäre Ingenieur und könnte sich ein Urteil darüber erlauben, dass es so passieren würde. Siebzig Prozent seiner Vorhersagen wären passiert. Das ist etwas, was mich wirklich überhaupt nicht beunruhigt. Auch in dieser Situation glaube ich an so etwas überhaupt nicht. Das stört mich in keinster Weise. Mir fällt es nur deswegen ein, weil es mich erstaunt, dass es da draußen einige Leute gibt, die sich von so etwas irre machen lassen, aber sich trotzdem Sorgen machen und versuchen uns das mitzuteilen. Diese Leute müssen wirklich überzeugt sein von ihrem Traum."

Vom Aufstehen bis zur Rampe

„Ja, es ist Starttag-Morgen. Man ist doch ein bisschen unruhig. Unruhig in dem Sinne, dass ich etwas früher aufgewacht bin, dass man sich schon zügig anzieht … Also ist doch was unterschiedlich!"

Terminal Countdown Demonstration Test, TCDT, so heißt das Training etwa einen Monat vor dem Start, wenige Tage nachdem das Shuttle auf die Startrampe gebracht wurde. In diesem Training werden die letzten zwei Tage und insbesondere die letzten Stunden haargenau, bis ins letzte Detail, wie bei einem tatsächlichen Start geprobt.

Der Starttag läuft ab wie ein Uhrwerk. Jeder Handgriff sitzt, jede Minute ist genauestens festgelegt und wurde von der Crew im so genannten TCDT originalgetreu, bis ins letzte Detail trainiert. Bei einer üblichen Startzeit von etwa morgens 10 Uhr wird um 6 Uhr aufgestanden, danach waschen und frühstücken im Speiseraum. Jeder hat am Tag vorher sein Essen aussuchen dürfen. Man kann sowieso nicht so viel essen, jetzt bei dieser vibrierenden Stimmung. Üblich ist ein Toast mit Schinken und Orangensaft. Aber nur nicht zu viel trinken, das rächt sich auf der Startrampe fürchterlich! Ich jedenfalls habe seit dem gestrigen Nachmittag nichts mehr getrunken.

Die D-2 Crew am Frühstückstisch mit der Buttercremetorte als Ausstellungsstück.

Auf dem abgeräumten Frühstückstisch steht jetzt noch die Missions-Buttercremetorte. Natürlich denkt keiner daran, seinen Magen damit vollzuschlagen. Nein, dies ist eine alte NASA-Tradition. Die Torte wird gleich nach dem Frühstück eingefroren und das Erste, was man nach der Rückkehr aus dem All macht: Man trifft sich mit der Familie bei Kaffee und Kuchen – dann schmeckt sie wunderbar! Ein paar ausgesuchte Reporter machen in gebührendem Abstand nach dem Frühstück noch Bilder für die Presse und danach geht es gleich nebenan zu den Räumen, in denen alles zum Anziehen bereitliegt.

Jeder hat seinen persönlichen Gehilfen, der alles vorbereitet hat und beim Anziehen des LES hilft. Jeder Handgriff mit ihm ist in den vergangenen Monaten immer wieder einstudiert worden. Zum Abschluss noch der 1-bar-Überdrucktest am Anzug, damit er im Ernstfall eine künstliche Atmosphäre um den Körper aufrechterhalten kann. Im Ernstfall – nun gut, über die künstliche Atmosphäre mag man sich dann freuen, aber der hohe Druck verleiht dem Anzug dabei eine solche Steifigkeit, die jede Bewegung unmöglich macht. Der Anzug ist also nur ein eingeschränktes Provisorium für den Notfall.

Der so genannte Launch and Entry Suit, LES, ist der orangerote Raumanzug, der seit der Challengerkatastrophe ausschließlich bei Start und Landung getragen wird. Er soll den Astronauten beim eventuellen Notausstieg auf der Startrampe vor Rauchvergiftungen und während des Auf- und Abstieges in großen Höhen vor zu geringem Luftdruck, Sauerstoffmangel und Kälte schützen. Im Gegensatz dazu ist der Raumanzug für Raumspaziergänge, die EMU, weiß und wesentlich komplizierter aufgebaut. Im Vakuum des Alls muss die EMU zudem vor kleinen Meteoriteneinschlägen und UV-Licht schützen und beinhaltet darüber hinaus ein komplettes Lebensversorgungssystem mit Sauerstoff- und Temperaturregelung und vielem mehr.

Unter dem Jubel der Presseleute tritt die D-2 Crew aus dem Quarantänegebäude und geht hinüber zum Transferbus.

Die, die bereits fertig sind, spielen noch eine Runde Karten – auch so eine alte Tradition bei der NASA – und ansonsten wartet man, bis auch die Letzten fertig sind. Der Einkleideraum ist übrigens der Ort, wo die Crew das letzte Mal in Ruhe vollständig zusammen ist und ein wenig Zeit für persönliche Gespräche findet und an dem sich am 9. Januar 1990 vor der STS-32 Mission angeblich Folgendes zugetragen haben soll. Der Commander, Daniel Brandenstein, bat alle Crewmitglieder zu einer kurzen Besinnungsminute zusammen. Es ist zwar keine NASA-Tradition, vor einem Flug die Hilfe des Allmächtigen zu erbeten, aber bei diesem Flug, wo sich das Challenger-Unglück (Januar 1986), bei der alle Astronauten an Bord ihr Leben lassen mussten, zum vierten Mal jährte, hielt Brandenstein diese Geste wohl für angebracht. Sie falteten also die Hände und mit gesenkten Gesichtern gedachten sie den Opfern der Challenger-Katastrophe. Und Brandenstein weiter: „ ... und bitten wir Dich, uns beizustehen und uns vor einer ähnlichen Katastrophe zu bewahren." Kurze Pause ... „Und", fügte er hinzu, „Gott stehe euch bei ... wenn ihr Mist baut!"

Noch ein Uhrenvergleich und dann geht es los. Draußen auf dem Gang haben sich viele NASA-Mitarbeiter eingefunden, die johlen, winken und die Daumen drücken. Im Fahrstuhl geht es die zwei Etagen tiefer, wo man fast direkt am Gebäudeausgang ankommt. Man tritt heraus und 10 Meter weiter hinter einer Absperrung stehen vielleicht hundert Presseleute, nicht nur fotografierend, sondern auch johlend und rufend. Man tritt aus dem Gebäude, schreitet die Rampe herunter und winkt zurück. Die Atmosphäre ist euphorisch, man spürt förmlich, wie einen die Leute in den Himmel schreien, verbunden mit den besten und ehrlichsten Wünschen für die Mission. Unter ständigem Winken biegt man nach links ab zum bereitstehenden Spezialbus, der die Truppe zur Rampe bringen soll. Die Stimmung im Bus unter der Crew ist prickelnd und ausgelassen, leicht übermütig. Es ist etwa 8 Uhr morgens und die Sonne scheint schräg durch die Jalousien der Fenster in den Bus und verbreitet noch mehr gute Stimmung. Neben den Astronauten sind mit dabei: der amtierende Chef der Astronauten und Troy, der Leiter der Gruppe, die für die LES zuständig ist (wir werden Troy später wieder im Shuttle begegnen), dazu ein bis zwei hochrangige NASA-Mitarbeiter, die diese Fahrt nutzen, um am bequemsten zum Start ins Launch Control Center zu kommen, das auf dem Weg zur Startrampe liegt.

Dieser Spezialbus, CTV, Crew Transfer Vehicle, wie er auch von der NASA genannt wird, bietet innen mit zwei gegenüberliegenden Sitzreihen entlang der Fenster Platz für acht Astronauten. Das wirklich Besondere am CTV sind aber die eingebauten Stickstoffkühler, die neben jedem Sitz angebracht sind. Gleich nach dem Einsteigen verbindet man seinen LES über einen Schlauch mit diesem Kühler, der nahezu eisigen Stickstoff in den Anzug bläst und somit frischen Wind in die unerträgliche Schwüle des luftundurchlässigen LES bringt. Ohne diese wahrhaft göttliche Einrichtung wäre der Weg zur Startrampe ein einziger Saunagang.

Präsentierte sich in Siegerpose kurz vor dem All-Start: Ulrich Walter, einer von zwei deutschen Astronauten an Bord der „Columbia". Foto: AP

Die Leitung des Astronautenbüros wechselt alle paar Jahre und wird von einem erfahrenen Astronauten übernommen, dessen schwierige Aufgabe es ist, die Crews für die Flüge zu bestimmen und sich selbst dabei gebührlich zu berücksichtigen.

Auf der viertelstündigen Fahrt, begleitet von mehreren signalisierenden Polizeifahrzeugen und einem Sicherheitshubschrauber vorneweg, geht es über die Hauptzufahrtsstraße, vorbei am VAB und weiter zum Startkontrollgebäude, dem Launch Control Center, dem

Das VAB, das Vehicle Assembly Building, ist das Gebäude mit dem größten umbauten Raum der Welt (das größte zusammenhängende Gebäude der Welt ist der Pentagon in Washington), in dem ehemals die Saturnraketen und heutzutage das Shuttlesystem zusammengebaut wird – in senkrechter Position versteht sich. Dieses Gebäude ist so groß, dass angeblich ganze Vogelkolonien darin brüten.

Überblick über das Kennedy Space Center mit dem gigantischen VAB (Vehicle Assembly Building – dort werden die Shuttles zusammengebaut) und dem Launch Control Center (schräg rechts davon) und den beiden Abschußrampen im Hintergrund.

letzten Halt vor der Startrampe, wo die letzten Mitfahrer aussteigen. (Bekannter Jux unter Astronauten: „...komisch, warum hier plötzlich so viele aussteigen!?")

Davor liegend eine der letzten drei noch vollständig erhaltenen Saturnraketen (die anderen beiden liegen bei der NASA in Houston und in Huntsville/Alabama). Es geht weiter entlang dem Crawler Way, dem autobahnbreiten Weg für die gigantische Raupe, die das Shuttle befördert, zu einer der beiden Startrampen. Auf den kreisrunden, abgezäunten und streng bewachten Bereichen von etwa 400 Meter Durchmesser befinden sich vor allen Dingen die Wasserstoff- und Sauerstoffreservoire und, erhöht auf einem Betonkegel, das Rampengerüst.

Bitte einsteigen!

Am Fuße der Startgerüstes angekommen, geht die Crew die wenigen Schritte hinüber zum Aufzug, der uns auf die in etwa 30 Meter Höhe liegende Zugangsebene zum Shuttleeingang bringt. Während die Ersten ihren Einstieg vorbereiten, schließen sich die anderen an die Apollo-Kanister an, jene blauen Henkelmänner, groß wie Aktenkoffer, die man ab sofort bis zum Einsteigen in das Shuttle mit sich herumträgt. Sie enthalten wie die Kühleinrichtung im CTV flüssigen Stickstoff, der bei -200°C verdampft und den luftdichten Raumanzug über einen Schlauch angenehm erfrischend kühlt. Derart ausgestattet kann man bis zum eigenen Einstieg genussvoll auf der Plattform umhergehen und die wundervolle Rundumsicht von dort oben genießen. In fünf Kilometer Entfernung, schräg vor dem VAB, befindet sich das Launch Control Center, LCC, wo sich jetzt gerade die Familien der Raumfahrer befinden, die sich exakt neun Minuten vor dem Abheben auf das Dach des Gebäudes begeben werden.

Erst mit dem Apollokanister am Raumanzug (dieser wird ausschließlich bei Start und Landung getragen) lässt es sich in der Hitze Floridas aushalten.

Die beiden Startrampen des Kennedy Space Center mit der zur D-2 Mission startbereiten Columbia im Vordergrund und der Discovery weiter hinten.

Von dort oben hat man dann den mit Abstand besten Blick auf das startende Shuttle. Weiter rechts und etwas mehr im Hintergrund liegt Banana Creek, eine Tribüne am Rande eines weitläufigen Sees, eingerichtet für 400 Sondergäste, darunter auch enge Verwandte, Freunde und Bekannte.

„So, ich stehe jetzt auf der Rückseite. Man sieht ganz deutlich Banana Creek, genauso das LCC. Es ist einfach schön zu wissen, dass da hinten Leute sitzen, Verwandte, die jetzt auf einen gucken. Schon ein tolles Gefühl. Ich würde um keinen Preis der Welt jetzt tauschen wollen! Ich möchte da jetzt gerne hoch! Es geht jetzt sofort los und man hat kaum Zeit, sich irgendwie zu besinnen, und das ist eigentlich auch gut so."

Noch weiter rechts, im rechten Winkel zum VAB, die zweite Startrampe und diametral gegenüber vom VAB, in kaum einem Kilometer Entfernung, der weiße Strand und das rauschende Meer. Besser kann ein Startplatz nicht gelegen sein. Entlang der Küste Richtung Süden, aufgereiht wie Perlen auf einer Perlenkette, die Startrampen der Titan-, Atlas- und Delta-Raketen. Kein Zweifel, der Name Weltraumbahnhof trifft den Kern der Sache – und wir befinden uns hier auf Gleis 1!

„So, hier oben stehe ich. Jerry vor mir geht gleich rein. Es ist ein tolles Gefühl. Kaum zu glauben, dass diese herrliche Gegend mit Sonnenschein, dass man die gleich von oben sehen wird. Aber da man weiß, dass man jeden Handgriff beherrscht, ist es eigentlich nur ... befreiend ... toll."

Der Einstieg beginnt mit letzten Vorbereitungen im so genannten White Room. Aus einer der rückwärtigen Ecken beäugt einen eine fest installierte automatische TV-Kamera, über die Menschen weltweit zusehen können, was hier gerade passiert. Etwas seitlich, hinter einer kleinen Ecke, sodass es die Zuschauer nicht sehen können, ein paar humoristische, liebevolle Zeichnungen und Karikaturen mit Kommentaren („Schluss mit dem Strandleben, jetzt wird endlich gearbeitet!") von Mitarbeitern, die einen über die vielen Jahre bis zum Start begleitet haben. Das Lebensrettungssystem mit Fallschirm wird übergezogen, die Kappe mit eingebauten Kopfhörern und Mikrofonen aufgesetzt und schließlich koppelt man sich vom Apollokanister ab, der bisher so schön gekühlt hat. Ein kurzes Schulterklopfen, und mit einem letzten Wink an alle Zurückbleibenden kriecht man auf allen Vieren durch die kreisrunde Öffnung in das Middeck des Shuttles.

Blick auf die Shuttlespitze mit dem White Room als Zugang zum Shuttle.

Die letzten Handgriffe im White Room vor dem Einstieg ins Shuttle.
Die gelben Kühlschläuche durch die Einstiegsluke halten das Shuttle im Innern auf erträglichen Temperaturen.

Der berühmte White Room, den es bereits seit den ersten Tagen amerikanischer Raumfahrt in dieser Form gibt, ist ein vollständig weiß gestrichener (sic!), etwa 10 qm kleiner Zugangsraum – vergleichbar mit dem letzten Teil der Zugangsbrücke, über die man heutzutage ein Passagierflugzeug betritt –, dessen hinterer Teil von der Außenwand des Shuttles abgeschlossen wird. Dort befindet sich die kleine, kreisrunde Einstiegsluke mit einem Durchmesser von ziemlich genau einem Meter.

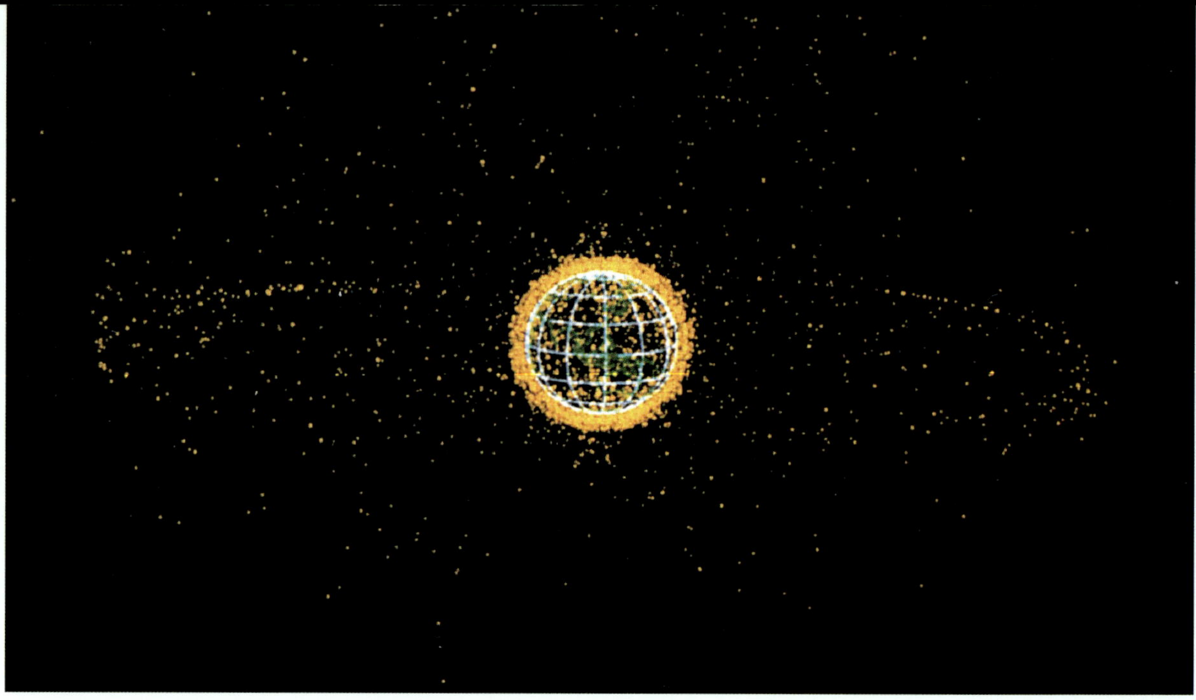

Literatur:

• Orbital Debris – A Technical Assessment, National Academy Press, Washington, D.C., 1995, ISBN 0-309-05125-8.

• Interagency Report on Orbital Debris 1995, Office of Science and Technology Policy, USA, November 1995, Library of Congress, Catalog Card No. 95-72164.

• Jane's Space Directory, Andrew Wilson (editor), 12th edition (1996-1997), Jane's Information Group Ltd, 1996, ISBN 0-7106-1357-1.

Wie gefährlich ist Weltraummüll?

Müll ist schlecht, kein Zweifel. Während auf der Erde im täglichen Leben Müll einfach nur unschön ist, aber ansonsten meist gefahrlos – von der Tücke der Bananenschalen einmal abgesehen – ist Müll im Weltraum schlichtweg gefährlich, wenn nicht lebensgefährlich.

Bei Satelliten gibt es Vorfälle, die auf Kollisionen hinweisen. So zerbrach der russische COSMOS 1275 NAVSAT Satellit 50 Tage nach seinem Start im Jahre 1981 ohne sonstigen erkennbaren Grund. Die erste und einzige eindeutige Kollision ereignete sich am 24. Juli 1996, als der französische Funkaufklärungssatellit Cerise ohne erkennbaren Grund ins Taumeln geriet und seine angestammte Erdumlaufbahn verließ. Eine Fehlfunktion des Satelliten war auszuschließen, da er keine eigenen Antriebsaggregate besaß. Wie sich später herausstellte, erlitt Cerise einen „Streifschuss" eines katalogisierten und danach verschwundenen Trümmerteiles einer ARIANE-Rakete, die nach dem Start am 2. Februar 1986 in der Erdumlaufbahn explodiert war.

Um es vorweg zu sagen, es ist bisher noch nie zu einer ernsthaften Gefährdung einer bemannten Mission durch Zusammenprall mit Weltraummüll gekommen. Aber die Chancen, dass ernsthafte Kollisionen in Zukunft stattfinden könnten, sind nicht gering, zumal wenn die Schrottmenge zunehmen sollte. Für die Beurteilung der wirklichen Gefährdung muss man etwas genauer unterscheiden. Die Weltraumschrottskala, also die Skala der Schrottgröße, ist nach oben begrenzt und nach unten hin offen. Am oberen Ende liegen die ausgebrannten Satelliten mit einer Abmessung von bis zu 10 Metern. Weiter unten rangieren Trümmerteile, die etwa von explodierten Raketenstufen oder abgesprengten Schutzverkleidungn entstammen und zwischen 1 Zentimeter und 1 Meter groß sind. Schrott kleiner als 1 Zentimeter sind etwa von Raumschiffen abgelöste Eis- oder Lackteile. Seit sich die Weltraumnationen bewusst geworden sind, dass solcherart Müll eine Gefahr für kommende Zeiten darstellt, gilt der Ehrenkodex der Müllvermeidung. Demnach geht bei Shuttleflügen nichts über Bord. Alles, was mit in den Weltraum genommen wurde, gelangt auch auf diesem Weg wieder zur Erde. Ausnahmen sind reines Wasser, das zeitweise zur Kühlung auf die Innenseiten der Ladebuchtluken gesprüht wird, dabei aber verdunstet und als Wasserdampf keine Gefahr darstellt. Weltraummüll-Vermeidung auch auf der MIR-Station. Unbemannte Versorgungsschiffe des Typs PROGRESS bringen etwa einmal pro Quartal neuen Treibstoff, Lebensmittel, Sauerstoff und alles, was lebensnotwendig ist, aber auch was das Leben an Bord der Station angenehmer macht, zur MIR. Sind alle Versorgungsgüter an Bord gebracht, wird PROGRESS zur Mülltonne umfunktioniert. Alle Abfälle der Raumstation werden in das Versorgungsschiff regelrecht hineingestopft, das Raumschiff wird beim Eintreffen des nächsten Versorgungsschiffs verschlossen, zur Erde abgesprengt, wo es dann restlos in der Erdatmosphäre verglüht.

Ein Ausnahmefall ereignete sich auf unserer D-2 Mission. Der Abwassertank der Toilette war undicht geworden und musste gegen einen kleinen Gummibalg ersetzt werden, der dann zweimal über Bord entleert wurde. Übrigens, das dabei entstehende Schneegestöber ist die ästhetisch schönste Form des Urins, die man sich vorstellen kann!

Ein Versorgungsschiff vom Typ PROGRESS war es auch, das am 25. Juni 1997 durch eine manuelle Fehlsteuerung die MIR-Station rammte, dabei ein Solarpanel beschädigte und ein briefmarkengroßes Leck in eines der Stationsmodule riss, das darauf hin abgeschaltet werden musste.

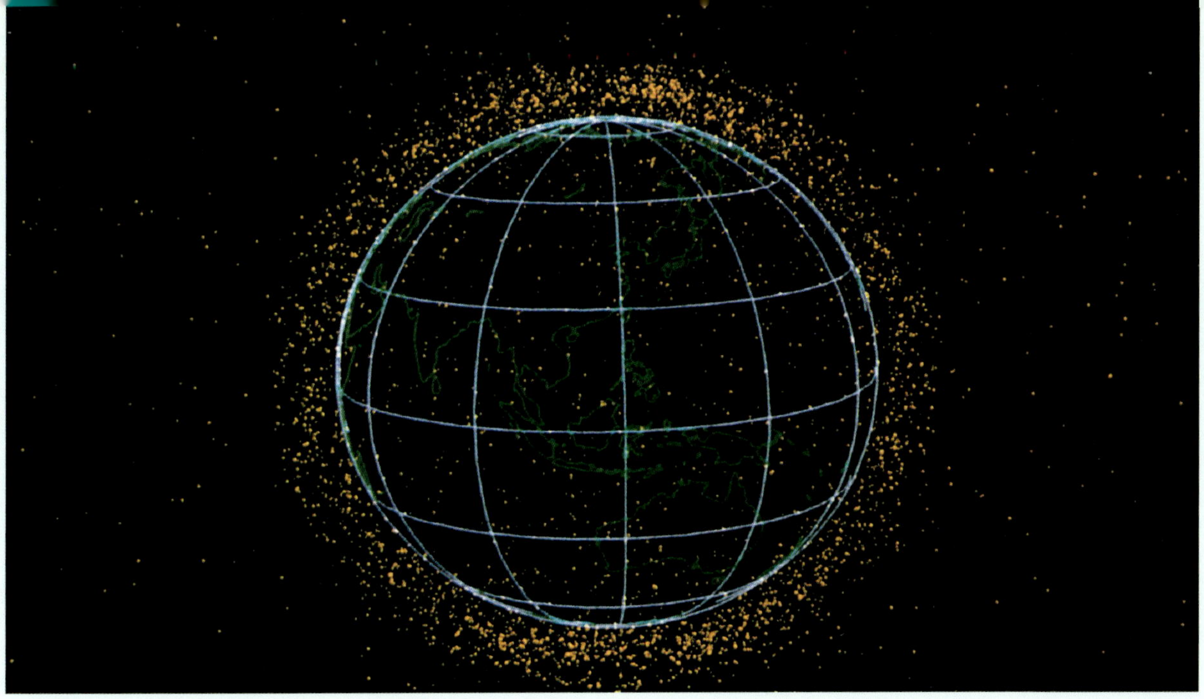

Zwei Schnappschüsse des Weltraummülls am 14.12.1990. Jeder Punkt entspricht einem beim Weltraumüberwachungssystem der USA katalogisierten Weltraumteil. Die Teile konzentrieren sich deutlich wie eine Korona im LEO (niedrigste Umlaufbahn) unterhalb von 2000 km, um 20 000 km Höhe im semisynchronen Erdorbit und im 36 000 km entfernten, kreisförmigen, geostationären Orbit (GEO).

Auch bei den unbemannten Satelliten hat sich der Ehrenkodex durchgesetzt. Die Treibstoffreserve, die bisher bis zum letzten Tropfen für Lagekorrekturen genutzt wurde, wird jetzt dazu eingesetzt, den Satelliten auf eine stark elliptische Erdumlaufbahn zu schleudern, deren unterster Ast so weit in die Erdatmosphäre eintaucht, dass nach wenigen Umläufen der Satellit verglüht. Etwas anders verfährt man bei Satelliten in sehr weit entfernten Umlaufbahnen. In der Umlaufbahn GEO in 36 000 Kilometer Höhe, tummeln sich besonders viele Satelliten. Ihr verbleibender Treibstoff befördert den Satelliten auf höhere Umlaufbahnen. Auf diesem Satellitenfriedhof außerhalb GEO können sie als Leiche keine aktiven Satelliten gefährden.

Die geostationäre Umlaufbahn in 36 000 km Höhe ist für Fernmeldesatelliten wie etwa ASTRA besonders interessant, weil in dieser Höhe die Umlaufgeschwindigkeit des Satelliten um die Erde exakt so groß ist wie die Drehgeschwindigkeit der Erde. Daher scheinen all diese Satelliten unbeweglich am Himmel zu stehen. Die Satellitenschüsseln brauchen daher nicht nachgeführt, sondern nur einmal fest ausgerichtet zu werden.

Trotz dieser gezielten Müllbeseitigung sind natürlich Fälle, in denen ein Satellit steuerlos wird, oder Explosionen Satelliten einfach zerfetzen, nie ganz auszuschließen. Diese Sonderfälle und die Bedenkenlosigkeit der 60er und 70er Jahre haben den jetzigen Weltraummüll hinterlassen. Die Müllmenge hängt stark ab vom Abstand zur Erde und seiner Größe. Die Müllmenge ist in 800–1000 Kilometer Höhe am größten, was man in der Abbildung als „orangene" Schale um die Erde deutlich erkennen kann. Die gesamte Müllmenge in allen Höhen beträgt zur Zeit für Teile größer als 10 Zentimeter etwa 8000 Objekte, vor allem entstanden durch mehr als die bisher nachgewiesenen 133 Explosionen im All. Für Teile zwischen 1 und 10 Zentimeter ca. 110 000 Objekte und für Teile im Bereich 0,1 – 1 Zentimeter 35 Millionen Objekte; Zahlen, die sich voraussichtlich alle 10 Jahre verdoppeln werden. Das mag zunächst mörderisch viel erscheinen. Tatsächlich sind die damit verbundenen Gefahren zur Zeit eher gering, denn der Weltraum ist groß, sehr groß: Die Objektdichte beträgt für Teile größer als 10 Zentimeter im Durchmesser im gefährdetsten Bereich von 800–1000 Kilometer Höhe 15 Objekte pro 1 Milliarde km³ (das entspricht einem Würfel mit 1000 km Kantenlänge) und in der Shuttleumlaufbahn 0,5 Objekte pro 1 Milliarde km³. Für mittelgroße Teile (1–10 Zentimeter Durchmesser) ist sie etwa 10-mal größer. Damit beträgt der mittlere Abstand zwischen zwei großen Müllteilen ungefähr 400 bzw. 1250 Kilometer, ist also noch beruhigend groß. Rechnet man die Abstände in mittlere Kollisionszeiten um, dann wäre ein typischer Erdbeobachtungssatellit in 800 Kilometer Höhe im Schnitt alle 10 000 Jahre von einer katastrophalen Kollision betroffen und das Shuttle auf etwa jedem 150 000sten Flug. Für eine fatale Kollision lauten die Zahlen alle 1000 Jahre bzw. auf jeder 15 000sten Mission. Weltraummüll bildet somit nicht die eigentliche Gefahr für einen Shuttleflug (siehe Special „Ich habe da eine Frage" – Seite 162). Dieses grobe Ergebnis stimmt auch mit der geringen Anzahl bisheriger Kollisionsfälle überein.

Für kleinere Teile ist die Kollisionsrate entsprechend größer. So wurde im November 1995 in einer Ladebucht-Verschlussklappe der Raumfähre Columbia ein zwei Zentimeter großer und sechs Millimeter tiefer Einschlagkrater entdeckt. Nach der Analyse des verschmolzenen Kollisionsstücks (Silber, Blei und Zinn) im Kraterboden konnte es sich nur um die Teile eines elektronischen Schaltkreises handeln, Überreste der Explosion einer Trägerrakete oder eines Satelliten. Auf der MIR-Station erzeugte im Mai 1988 ein Objekt einen tiefen Krater zusammen mit einem 6–8 mm langen Riss im Fensterglas.

Ohne die Atmosphäre verharrte das Antlitz der Erde in maskenhafter Starre. In immerwährend neuen Formen, Anordnungen und Bewegungen umspielen die Wolken unseren Heimatplaneten und

Atmosphärisches

verleihen ihm ein sich stetig wandelndes Gesicht. Und so wie sich die Schönheit der Braut erst durch ihren Schleier offenbart, so verzieren lokale Wolkenformationen die Reliefs von Bergen und Tälern oder legen in größeren Ansammlungen einen schamvollen Schleier über alles Irdische. Eine überwältigende Palette des Formenreichtums: kaminschlotartige vertikale Aufbäumungen in den Tropen, Plüschdecken mit Pomponbesatz über den Regenwäldern, örtliche, rosenkohlköpfige Gewitterwolken in schwülfeuchter Luft, geklöppelte Spitzendeckchen über den Ozeanen, ausgedehnte, gleichmäßige Wellenlinien hinter Bergrücken, wirbelförmige, leeseitige Lochformationen über der Insel Guadaloupe und spätnachmittags Wolkenmassive mit ambossartiger Abflachung an der Grenze zur Stratosphäre.
Eine nie enden wollende Vielfalt horizontaler und vertikaler, märchenhafter Gebilde, wie aus Zuckerwatte.

Pazifischer Ozean,
Taifun Yuri am 28.11.1991

Pazifischer Ozean,
das Auge des Taifuns
Yuri am 28.11.1991

Indischer Ozean,
Taifun am 18.1.1990
vor der nordwest-
australischen Küste

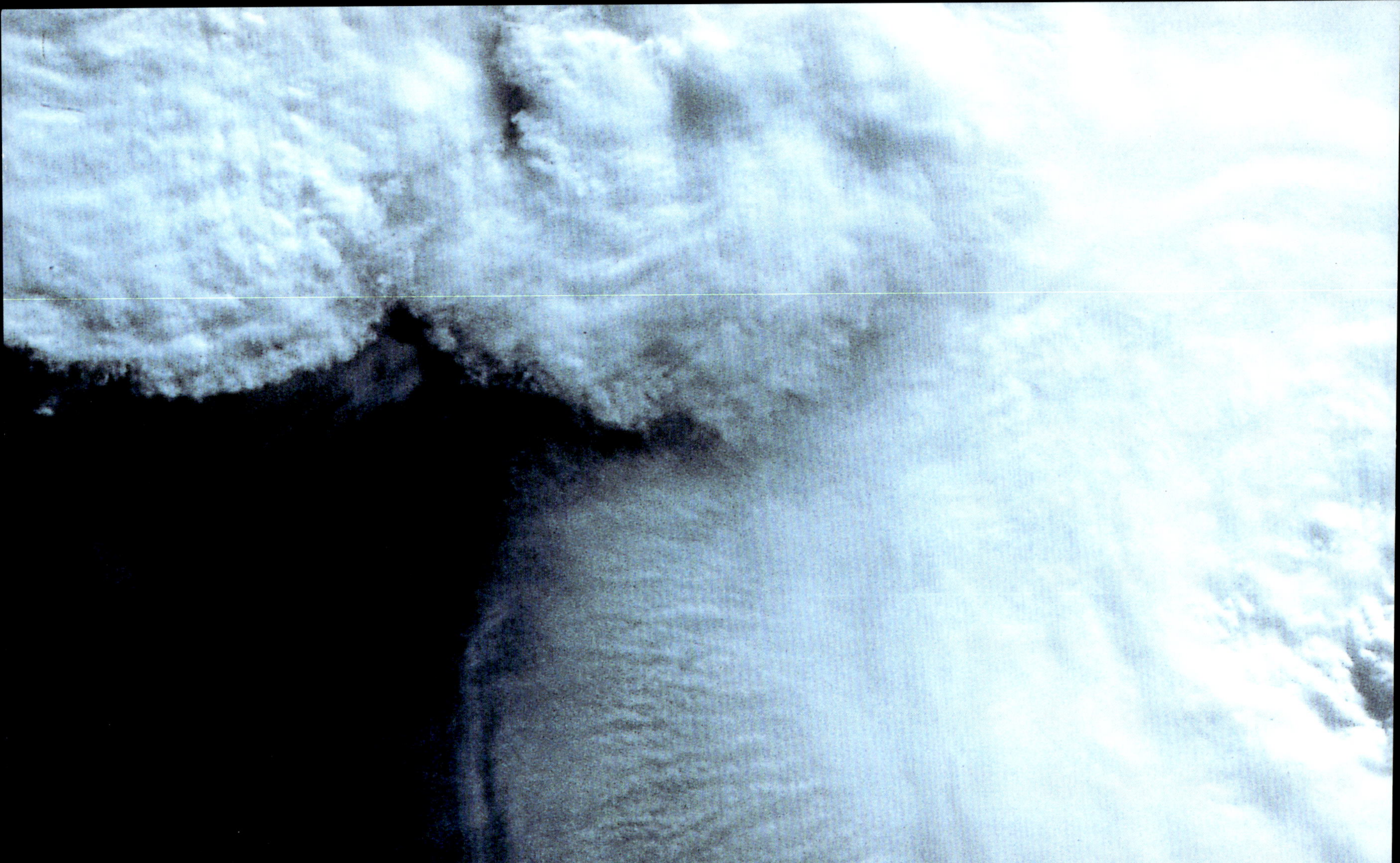

Pazifischer Ozean,
Wolkenformationen

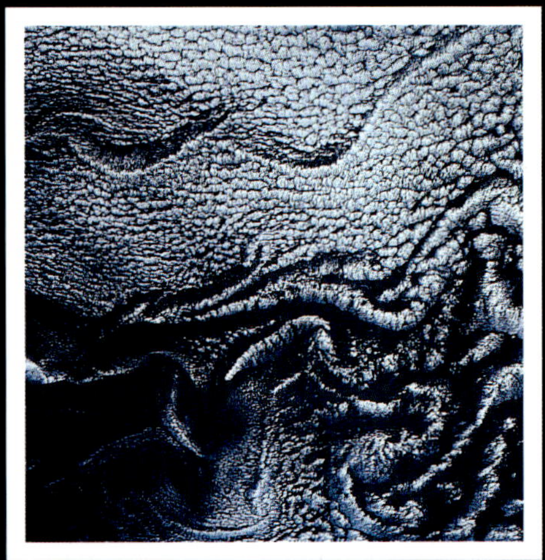

Atlantischer Ozean,
Wolkenwirbel

Pazifischer Ozean,
Wolkenformationen

Brasilien,
Gewitterwolken über der
Serra da Canastra

Jetstream verzogene
Cirren über Hawaii

In 9 Minuten in die Schwerelosigkeit

Aus dem lichtdurchfluteten White Room kommend besteige ich etwa eine Stunde vor dem Start das relativ dunkle Shuttle ... und muss mich wieder daran gewöhnen, dass alles so anders aussieht. Das Shuttle steht zum Start senkrecht, mit der Spitze nach oben, und nicht, wie man es gewohnt ist, waagerecht, wie ein Flugzeug. Der eigentliche Boden ist jetzt die Wand zu meiner Linken, an der drei Stahlstühle mit der Sitzlehne nach unten hängen, und darüber, die Kassettenstruktur an der Decke, sind die „Wand-"Schubladen. Nach dem Einstieg durch die Seitenluke des Shuttles stoße ich zunächst auf die Leiter, die, statt nach oben aufs Flugdeck zu führen,

Aufriss des Shuttles mit Flug- und Middeck und der dahinter liegenden Ladebucht mit Raumlabor. Die Einstiegsluke befindet sich genau dort, wo der Aufriss den Blick auf das Middeck freigibt.

nun nach rechts weist. Die Astronauten, die zum Start aufs obere Flugdeck müssen, brauchen also nicht die Leiter hochzuklettern, sondern müssen nach dem Einstieg lediglich nach rechts abbiegen, ein bisschen an der Leiter entlang kriechen und schon sind sie da. Ich als Nutzlastspezialist, der beim Start seinen Platz im vorderen Middeck hat, steige quer über die Leiter und weiter über Hebel und Kanten, die dafür eigentlich nicht vorgesehen sind, nach links oben. Dort angekommen erwartet mich Troy, der uns schon im Bus begleitete und der mir nun helfen wird, rücklings in meinem Sitz Platz zu nehmen.

Beliebter Witz amerikanischer Astronauten: Der Commander und Pilot befinden sich zwar beim Start im begehrten oberen Flugdeck, mit der besseren Aussicht nach draußen, aber die Astronauten im Middeck sind zuerst im Weltraum! Warum? Weil beim Start das Shuttle senkrecht steht und später sogar in eine rückwärtige Lage übergeht, ist das Middeck immer ein bisschen weiter oben, also etwas näher am Weltraum!

Erst wenn ich eine absolut bequeme Lage gefunden habe, schnallt Troy mich an und schließt mich dann an das Kühlsystem und das Kommunikationsnetz an. Das könnte ich zwar auch selbst – ich muss es bei der Rückkehr aus dem Weltraum schließlich selber machen – aber er ist hier der Spezialist.

Und jetzt beginnt die Feinarbeit. Der Kopf samt Helm liegt etwas zu tief? Troy hat verschieden dicke, kleine Kissen bereit, die er nacheinander unterlegt, bis die Höhe stimmt. Ein wenig mehr Unterstützung der Wirbelsäule in der Lendengegend gefällig? Ein kleines aufblasbares Lendenkissen, das von Troy vorher installiert wurde, lässt sich wie die Manschette beim Blutdruckmessen aufblasen, bis auch das stimmt. Der Gurt etwas zu fest, sodass er durch den Anzug drückt? Ich lockere ihn wieder etwas. Doch das alles scheint einfacher, als es der Fall ist. Ich muss alles blind ertasten, denn der Helm und der starre Raumanzug versperren mir den Blick auf den Unterkörper. In dieser Montur kann man eigentlich nur geradeaus nach oben schauen und den Kopf leicht drehen, wobei man gerade mal seinen Kollegen zur Linken oder zur Rechten sehen kann. Findet man deswegen nicht, was man sucht, zum Beispiel das Druckventil an meinem Anzug, das sich kurz unterhalb des rechten Brustkorbes befindet und mit dem ich jetzt den Innendruck des Raumanzuges

Einstiegsluke des Shuttles mit Blick auf die Leiter, die aufs Flugdeck führt.

erhöhen möchte, dann kann man über den kleinen Metallspiegel (Metall – wichtig, weil unzerbrechlich!), den man sich wie eine Uhr am linken oder rechten Unterarm angelegt hat, auf den Unterkörper blicken und nachschauen.

Vielleicht ist Ihnen schon einmal aufgefallen, dass die Schalterstellungen auf der Vorderseite der weißen Raumanzüge für den Raumspaziergang, der EMU, nicht regulär, sondern spiegelbildlich beschriftet sind. Der Astronaut kann die Schalter auf seiner Brust nämlich nicht direkt sehen, sondern nur über seinen kleinen Spiegel an einem Handgelenk, während die andere Hand den Schalter bedient.

Schließlich der Abschlusscheck durch Eileen, einer Astronautenkollegin. Diese wichtige Aufgabe wird meist von einem „Rookie" übernommen, einem Anfänger ohne Flugerfahrung, der auf diesem Flug aber nicht mitfliegen wird. Auf jedem Flug ist es ein anderer Astronaut und bei uns ist es die reizende Eileen. Sie geht noch einmal jeden Anschluss, jeden Gurt, jeden Verschluss genauestens durch, ob auch alles stimmt. Danach kommt der so genannte Com-Check, der Kommunikations-Check, mit allen Personen, mit denen man während des Aufstiegs in den Weltraum in Verbindung steht. Das sind nicht nur die Astronauten an Bord, sondern auch die Leute der Startkontrolle in Florida und der Missionskontrolle in Houston. Auf meine Frage, zum Beispiel nach Houston: „Mission Control, how do you read me?" („Missionskontrolle, wie hören Sie mich?), erhalte ich, wenn alles gut funktioniert, die Antwort: „We read you loud and clear!" („Wir hören Sie laut und deutlich!"). Und da man sich durch diverse Meetings kennt, wird er noch ein: „Und ich wünsche Ihnen alles Gute zum Flug!" hinterherschicken. Und so geht es von einem zum nächsten, etwa zehn an der Zahl.

Der Countdown bis zum Abheben des Shuttles wird von der Startkontrolle des KSC in Florida geleitet. Im Augenblick des Abhebens geht die Kontrolle über zum JSC nach Houston.

Das Middeck links der Leiter. Vor der Schubladenwand befinden sich drei Stahlstühle für Start und Landung. Rechts im Hintergrund die vier geöffneten Schlafkojen.

Letzte Gefühle...

Damit bin ich fertig zum Start. Ist auch der letzte Astronaut ausgecheckt, dann verlassen uns Troy und Eileen mit einem herzlichen Winken durch die Luke – und man spürt, jetzt wird es ernst. Da liegt man nun, auf dem Rücken, die Beine angewinkelt nach oben. Dies ist der Ort und der Zeitpunkt, auf den man jahrelang hingearbeitet hat. Ich bin später oft

Blick auf das Cockpit im Flugdeck. Die Sitze des Commanders (links) und des Piloten (rechts) wurden zur besseren Übersicht entfernt.

gefragt worden, welche Gefühle man hat, wenn man schließlich so in diesem Sitz liegt. Hat man Angst und wovor. Zunächst: Ich bin freiwillig hier, oder vielmehr, es war mein fester Wille, einmal hier zu sitzen. Jeder Schritt bis hierher war für mich ein Schritt näher ans Ziel. Und, ich kannte den Weg, die letzten Schritte, nur allzu genau. Ich habe es während des NASA-Trainings wieder und immer wieder trainiert, bis hin zu genau diesem Punkt. Genau wie jetzt habe ich vor einem Monat beim TCDT in diesem Sitz gesessen und alles peinlich genauso bis sechs Sekunden vor dem Start durchgespielt. Ich kenne also diese Situation bis ins Detail und weiß, was bis zum Abheben auf mich zukommt – zukommen könnte, mitsamt aller denkbaren Notfälle. Und diese Vertrautheit gibt einem Sicherheit. Man fühlt sich nie so, als sei man einer unbekannten Situation ausgeliefert, einer Situation, in der man nicht weiß, was man tun soll. Und genau das ist der entscheidende Unterschied! Angst ist die unkontrollierbare Beklemmung in einer Umgebung, der man sich ausgeliefert fühlt, in der man nicht weiß, was passiert: Man wacht nachts plötzlich durch ein Geräusch auf und fühlt sich schutzlos ausgeliefert, weil man eben nicht weiß, was ist und was man tun soll – man hat grenzenlose Angst.

Hier ist alles ganz anders. Man lässt sich in die Situation fallen, weil mit ihr vertraut. Man hat allenfalls Sorge, dass etwas passieren könnte. Die Situation ist vergleichbar mit dem Fliegen im Flugzeug. Es ist nicht gerade risikolos. Ist man noch nie geflogen und weiß nicht, was einen erwartet, dann hat man womöglich Angst: Warum sackt das Flugzeug plötzlich so ab? Was war dieser laute Schlag und das starke Vibrieren des Fliegers? Ist man jedoch schon öfter geflogen, dann weiß man: Schon wieder so ein Luftloch! Jetzt wird gerade das Fahrwerk ausgefahren! Die Vertrautheit der Situation und das Wissen, was passiert, machen den großen Unterschied zwischen Angst und Sorge! Aber das ist das Entscheidende: Sorge schärft die Sinne – Angst lähmt. Und, mit Sorge lässt sich leben, mit Angst keinesfalls.

Aber ein Heuchler und Unmensch der, der vorgäbe, nicht hier und da das ungute Gefühl zu verspüren, es könne ihm irgendetwas Lebensgefährliches zustoßen. Natürlich, ich liege hier nicht im Liegestuhl auf Tahiti, sondern auf 2000 Tonnen hochexplosivem Treibstoff. Nicht von ungefähr beträgt der Sicherheitsabstand beim Start zur Startrampe fünf Kilometer – bis auf die Astronauten, die dürfen direkt daneben Platz nehmen! Wenn das Wort Himmelfahrtskommando angebracht ist, dann hier! Nur, das Risiko ist eben nicht unkalkulierbar, sondern sehr wohl bekannt. Man hat sich irgendwann einmal bewusst dafür entschieden, es zu tragen, ist nicht gezwungen, es zu tragen, sondern man trägt es aus freien Stücken. Man weiß, der Gewinn aller Beteiligten, insbesondere mein persönlicher Gewinn, übersteigt das Risiko bei weitem. Ich würde es nicht nur das eine Mal wagen, sondern immer wieder. Ich würde heute auf der Stelle wieder einsteigen – ohne zu zögern, ohne nachzudenken!

Das Missionskontrollzentrum in Houston.

Alles startklar! Astronauten auf dem Flugdeck beim Countdown.

„Mir ist noch mal durch den Kopf gegangen, wie man überhaupt zu dem Punkt hier gekommen ist, was man gemacht hat seit der Jugend. Dass ich gerne Physik gemacht habe, immer schon gerne Naturwissenschaften studiert habe. Das ist jetzt das, was ganz natürlicherweise hierzu geführt hat. Mit einigen Anstrengungen, aber immerhin."

...letzte Gedanken

Woran denkt man also, jetzt, wenn einen keine Angst quält? Zunächst einmal liegt man auf dem Rücken und schaut nach oben – auf die über einem angebrachten Schubladen. Voll beladen wie sie sind, würden sie sich durch die Vibrationen des Starts lösen und einen glatt erschlagen, wären sie nicht sicher arretiert. Ich überprüfe also mit meinen Augen die Arretierung jedes einzelnen Verschlusses – übrigens nicht das letzte Mal, während ich so daliege –, ob sie auch wirklich! alle! zu sind. Dann fällt mir die so genannte Cue-Card ins Auge, die direkt vor meiner Nase an eine Schubfachtür geheftet ist. Die Cue-Card listet in wenigen fett geschriebenen Stichworten die Aktionen auf, die in verschiedenen Notsituationen durchzuführen sind. „Emergency Mode 1" steht da zum Beispiel. Jeder hier weiß, „Notfall Mode 1" bedeutet Notausstieg auf der Startrampe. Also: Visier schließen (Rauchgefahr!), Notsauerstoff im Raumanzug mit dem „Green Apple" aktivieren, Kühlschlauch lösen, Fallschirmgurte lösen (Den Fallschirm braucht man auf der Startrampe nicht mehr.), externen Sauerstoff kappen, Sitzgurt lösen, Kommunikationsverbindung kappen (immer als Letztes!) – und raus. In dieser Reihenfolge. Ich gehe bei geschlossenen Augen die notwendigen Handbewegungen noch einmal alle in Gedanken durch, damit im Notfall auch alles klappt. Ich kennen die Handgriffe zwar wie im Schlaf, aber ich wiederhole sie trotzdem, immer wieder. Oder: Notausstieg beim Wiedereintritt in die Atmosphäre. Ich überfliege die Cue-Card. Ich weiß schon, kein Unterschied zum Mode 1 bis auf diese wichtige Kleinigkeit: Der Fallschirm bleibt am Mann! Zu blöd, wenn ich erst nach dem Notausstieg in 10 Kilometer Höhe im freien Fall daran dächte. Diese Notmaßnahmen gehe ich also in Gedanken immer und immer wieder durch.

Der so genannte „Green Apple" ist ein kleiner runder, grüner Holzknopf in der Nähe der rechten Armachsel. Er ist über einen Bowdenzug mit zwei kleinen Sauerstoffflaschen verbunden, die sich rechts und links hinten auf dem Rücken befinden. Mit einem kurzen, festen Zug am „Green Apple" werden sie aktiviert und liefern bei geschlossenem Visier bis zu 10 Minuten Notsauerstoff.

Irgendwann döst man auch ein bisschen. Dann erinnert man sich daran, wie man gerade auf der Spitze der Rampe stand, kurz vor dem Einstieg, und hinunterblickte auf die nächstliegenden Gebäude. Das Launch Control Center, von dessen Dach die Familie jetzt gerade zuschaut, die dahinter liegenden Zuschauertribünen der Presse, und Banana Creek, etwas weiter abseits mit der großen Tribüne, besetzt mit den Verwandten und Bekannten. Und irgendwo, weit weg, all die vielen Menschen aus ganz Amerika auf voll gestopften Straßen, die gerne mal das Erlebnis eines Shuttlestarts miterleben wollen. Daran denkt man und empfindet diese überwältigende Anteilnahme als stille Freude.

Beim Shuttlestart gibt es verschiedene Ränge, von denen man zuschauen kann. Der mit Abstand beste Platz ist auf dem 5 km entfernten LCC-Gebäude, das ausschließlich für die Familien der Astronauten, begleitet durch den CACO, reserviert ist. Seitlich direkt neben dem LCC die Presse- und VIP-Tribünen. Banana Creek im Westen, eine idyllische Tribüne an einem See mit relativ guter Sicht für maximal 400 Sondergäste, darunter Verwandte, Freunde und Bekannte, in 6 km Entfernung. Danach genau Richtung Süden der Causeway, eine Brücke in 11 km Entfernung, auf die nur Zuschauer mit knallrotem Sonderausweis (erhältlich zum Beispiel nach Einladung durch die Astronauten) fahren dürfen und irgendwo in weiter Ferne die vielen Autos auf den Straßen außerhalb des KSC, von wo aus man kaum etwas sieht.

Ich denke auch noch mal über die persönliche Situation genau nach. Es ist wie ein ungläubiges Nichtverstehenwollen. Das, worauf ich

jahrelang hingearbeitet habe, soll jetzt passieren? Ich kann es irgendwie nicht begreifen und arbeite innerlich irgendwie immer noch weiter auf dieses Ziel hin, in einer Art jahrelang angewöhntem Automatismus. Es ist wie im ersehnten Bett nach einer langen Nachtfahrt im Auto. Obwohl man weiß, man ist am Ziel, zu Hause, fährt man innerlich noch weiter.
Aber nein! Ich ... jetzt ... hier!

...letzte Probleme!

Also gut, ich habe es kapiert, die Ziellinie ist erreicht. Ist es denn nun auch so, wie ich es mir vorgestellt habe? Ich beginne zu analysieren. Eigentlich recht bequem: Die 2 Liter Trinkwasser, abgefüllt in 16 flache Trinkbeutel und verpackt in einer Art Rucksack unter dem Rücken, polstern Druckstellen angenehm ab. Nur die beiden kleinen Notsauerstoffflaschen, hinten rechts und links am Anzug angebracht, drücken leicht, aber penetrant. Dies ist die kritischste Phase des gesamten Starts. Liegt man nicht 100%ig bequem, drückt das Auslassventil auch nur geringfügig auf die Rippen, dann rächt sich das nach spätestens einer Viertelstunde. Jetzt, allein auf sich gestellt, fest eingespannt in die Sicherheitsgurte, kann einem keiner mehr helfen, wenn die Druckstelle zur Qual wird, weil man ihr nicht mehr entkommen kann – und das bis zu 1½ Stunden! Diese Qualen paaren sich mit einem anderen Problem: Man ist eingesperrt in den Raumanzug wie in einen Sarg, verdammt zur Unbeweglichkeit. Wehe dem, der nach einer halben Stunde absoluten Stillliegens den unbezwingbaren Willen verspürt, sich bewegen zu müssen. Genau das geht jetzt und auf lange Zeit nicht.

Die zwei Liter Trinkwasser sind für den Notfall, falls man mal bei der Rückkehr zur Erde gezwungen wäre, in luftigen oder schlimmer noch, in noch nicht luftigen Höhen, aus dem Shuttle auszusteigen, um dann für maximal 48 Stunden auf dem Pazifik zu überleben. Siehe auch das Notfalltraining im Abschnitt "Der letzte Schliff - Das NASA-Training" (Seite 11).

Es sind diese Qualen des Liegens, die das berühmte Startfenster, also die Zeit zwischen der frühesten und spätesten Startmöglichkeit, meist auf drei Stunden begrenzen. Die Astronauten können einfach nicht mehr länger bewegungslos auf dem Rücken liegen! Der Start muss dann abgebrochen und auf den nächsten Tag verschoben werden. Ein großer, aber notwendiger Aufwand für ein unbekanntes und anscheinend unbedeutendes Problem.

Und dann ist da noch das andere dringende Problem beim Start. Am besten Sie probieren es einfach selbst einmal aus. Legen Sie sich mit dem Rücken auf den Boden und so viele Kissen unter ihre Unterschenkel, bis die Oberschenkel senkrecht nach oben zeigen und Ihre Knie einen rechten Winkel bilden. Das ist die Startposition. Und dann warten Sie ganz einfach ab! Sie sollten nur sicherstellen, dass der Weg zur Toilette nicht allzu weit ist. Medizinisch gesehen – die Ärzte nennen das vornehm „Henry-Gauer-Reflex" – führt nämlich das Nach-oben-legen der Beine zu einer Flüssigkeitsverschiebung aus den Beinen in den Oberkörper. Um das Herz herum gibt es einen Flüssigkeitssensor (genauer: Flüssigkeitsdrucksensor), der der Niere meldet, dass angeblich zu viel Flüssigkeit im Körper ist, obwohl sich die Körperflüssigkeit eigentlich nur verschoben hat. Trotz Falschmeldung beginnt die Niere prompt zu arbeiten – und zwar kräftig! Zu Hause können Sie nach 20 Minuten den Versuch abbrechen, beim Start jedoch nicht!

Und noch ein Problem. Ganz Hartgesottene sollten einmal probieren, dem Drang nachzugeben. Im Liegen versteht sich! Es funktioniert einfach nicht! Die Natur scheint eine Hemmung für diese unnatürliche Geschäftshaltung eingebaut zu haben – auf dem Rücken, mit den Beinen nach oben! Und wenn man nach einer Stunde das Gefühl hat, die Blase platzt, dann geht's doch irgendwie, zwar unter anfänglichen Schmerzen, aber mit dem sich anschließenden Gefühl der Erlösung. Seit dem Jahre 1992 hat sich übrigens eine PAMPERS-Spezialanfertigung für Erwachsene bei der NASA

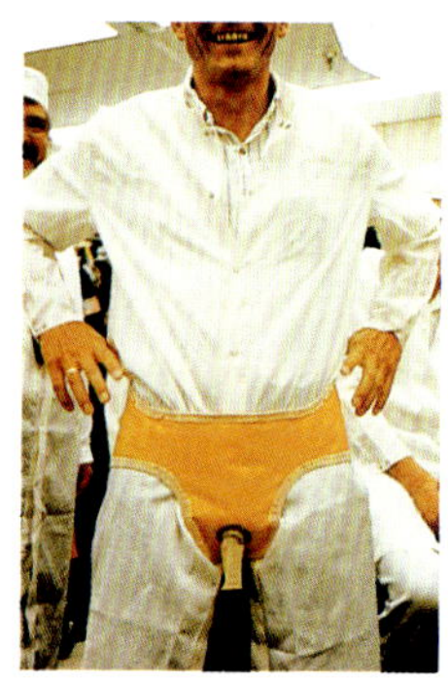

Die bisherige Alternative der NASA zur PAMPERS für die männlichen Kollegen: ein Gummislip als Auffangblase!

durchgesetzt, die diese Qualen nun auffängt – Gott sei's gedankt! Die alten Hasen unter den Astronauten, die aus eigener Erfahrung bereits wissen, dass sie viel oder mehrmals müssen, dichten zusätzlich die Oberkante der PAMPERS mit einem breiten Klebeband rundum ab, damit ihnen bei Überproduktion nicht das Wasser bis zum Hals steigt – mal ganz abgesehen davon, dass damit auch die ganze Unterwäsche durchnässt wäre, was Anfängern eigentlich immer passiert.

Der Ritt ins All.

Hat man all diese Qualen hinter sich gebracht, dann ist es irgendwann mal so weit. Ich schließe das Visier und ... höre nichts mehr! Nur noch den aufs Notwendigste reduzierten, stakkatoartigen Funkverkehr des Air-to-Ground kann ich wahrnehmen. Man ist von der Außenwelt abgeschnitten. Man hört nichts mehr und, im Middeck, man sieht auch nichts.

Doch dann der Start! Sechs Sekunden vor dem Abheben werden die drei Flüssigkeitstriebwerke am Shuttle gezündet. Die drücken die Spitze des Shuttles nach vorn, weil die Bolzen, die das System noch am Boden halten, an den beiden weißen, einige Meter abgesetzten Feststoffboostern angebracht sind. In diesen 6 Sekunden schwingen die Astronauten wie in einer Schiffschaukel zunächst etwa 1,5 Meter nach vorn – was man deutlich spürt – und dann wieder zurück. Dabei vibriert und schüttelt das Shuttle dermaßen, dass es einem durch Mark und Bein geht, genauso wie bei einem Erdbeben (ein bisschen stärker als das der Stärke 4 im Jahre 1994 in der Kölner Bucht ist es allerdings schon). Ich, der ich drinnen sitze, höre nichts von dem überwältigenden Gedonner, das draußen dem Zuschauern das Zwerchfell beben lässt (das IMAX-Kino übertreibt hier etwas) und vom hellen, peitschenden Krachen der Feststoffbooster (das ich andererseits im IMAX vermisse). Und dann hört (!) man nur über Funk: „SRB Ignition - Lift-Off!".

SRB: Solid Rocket Booster, Englisch für Feststoffrakete.

Was spürt man? Von 3 g keine Spur! Der Schub der Antriebe (2 x 1200 Tonnen Schub der beiden Feststoffraketen plus 3 x 185 Tonnen Schub der drei Flüssigkeitsantriebe) übersteigt die 2000 Tonnen des ganzen Systems zwar um großzügige 50%, aber die Beschleunigung ist nicht stärker als die bei einem Flugzeugstart.

Die Beschleunigung, die Kraft, mit der man in den Sitz gepresst wird, wird in der Fliegersprache in Einheiten von g (Erdbeschleunigung g=9,81 m/s^2) angegeben. 1 g bedeutet die natürliche Erdschwere. 2 g die doppelte Erdschwere und 3 g entsprechend dreimal so viel.

Die Feststoffraketen sind jetzt die Arbeitspferde, die das Shuttle durch die Wolkendecke drücken und ihre Urgewalt bestimmt das Erlebnis der ersten zwei Minuten des Aufstiegs. Ihr leicht ungleichmäßiges Abbrennen, bedingt durch eine inhomogene Verteilung des Treibstoffes, versetzt dem Shuttle schnelle, starke Beschleunigungsschläge, die es durch und durch erschüttern und es zu unregelmäßigem Schwingen anregen. Alles an Bord des Shuttles wird gnaden-

Anfangs nimmt die Geschwindigkeit nur langsam zu.

los durchgeschüttelt. Es ist ein Ritt wie mit 100 Sachen über Kopfsteinpflaster – und es herrscht schweigende Stille. Nur ganz wenige Worte werden zwischen der Missionskontrolle und dem Commander gewechselt. Jeder der Beteiligten weiß, dass dies der mit Abstand kritischste Moment der ganzen Mission ist. Wenn jetzt etwas Unvorhergesehenes passiert, gibt es absolut keine Rettung. Auch die vielen Verbesserungen nach der Challenger-Katastrophe haben daran nichts geändert. Feststoffraketen sind wie Silvesterraketen, sie lassen sich nicht abschalten. Selbst ein Absprengen der Booster würde keine Rettung bedeuten! Ihr Schub ist so enorm, dass beim Absprengen der hohe Luftwiderstand beim plötzlich ausbleibenden Schub dem ganzen Shuttlesystem einen solchen Schlag versetzen würde, dass das gesamte Shuttle auseinander bräche! Sollte sich also, wie damals bei Challenger, ein Feuerstrahl eines porös gewordenen Boosters wie ein Schneidbrenner in den externen Tank brennen – es ließe sich damals wie heute nichts dagegen tun. In diesen zwei Minuten ist die Besatzung dem Shuttle auf Gedeih und Verderb ausgesetzt. Daher diese schweigende Stille.

Die Beschleunigung, die Kraft, mit der man in den Sitz gepresst wird, hat zwischenzeitlich langsam zugenommen, in dem Maße, in dem das Shuttlesystem um den abgebrannten Treibstoff leichter geworden ist. Kurz vor dem Abschlussbrand der Feststoffbooster, genau zwei Minuten nach dem Abheben, sind 1,8 g erreicht. Der Schub der ausgebrannten Booster geht schnell auf Null zurück und gleich darauf werden sie abgesprengt. Ist das vorüber, geht ein Aufatmen durch das Shuttle. Der ein oder andere kann ein „Jeahhh ...“ nicht unterdrücken und jeder denkt genauso: Die Gefahr ist vorbei! Die Probleme, die jetzt noch auftreten könnten, lassen sich alle irgendwie meistern, sie wären nicht mehr so lebensbedrohlich.

Die ausgebrannten Feststoffraketen fallen mit Fallschirmen zurück in den Atlantik, wo sie mit Spezialschiffen, die in der Nähe bereits warten, aufgenommen, nach KSC zurückgebracht und dort für die nächste Mission überholt werden.

Nach diesem befreienden Schubloch, in dem die Booster abgesprengt wurden, erzeugen nur noch die Flüssigkeitsantriebe den Schub. Ihr Abbrand ist wesentlich gleichmäßiger als der der Booster. Man hat außerdem schon die dichten, turbulenteren Bereiche der Atmosphäre verlassen. Es sind kaum mehr Vibrationen zu spüren. Die ganze harmonische Kraft der Antriebe

In etwa 10 Kilometer Höhe durchschlägt das Shuttle die obere Wolkengrenze in die Stratosphäre.

äußert sich jetzt ausschließlich in dem stetig zunehmenden Andruck in den Sitz. Nach vier Minuten, 20 Sekunden kommt der „Negative Return Call" von der Missionskontrolle Houston.

„Negative Return" bedeutet, dass das Shuttle bereits so weit vom Startplatz entfernt ist, dass eine dortige Notlandung bei Ausfall des Shuttleantriebs nicht mehr möglich ist. Als Notlandeplätze stehen damit für die kommenden Minuten nur noch Zaragossa in Spanien und, je Zeitpunkt des Ausfalls, zwei weitere an der westafrikanischen Küste zur Verfügung.

Nach insgesamt 7½ Minuten, wenn der riesige, rostrote externe Tank zu 90% entleert und das Shuttlesystem weniger als 200 Tonnen leicht geworden ist, erst dann hat der Andruck durch den Schub der 3 Flüssigkeitsantriebe auf 3 g zugenommen, sodass man sich zwingen muss zu atmen, weil es einfach angenehmer ist nicht zu atmen – trotz Atemnot –, als durch die Atmung den Brustkorb mitsamt dem schweren Anzug nach oben zu stemmen. Die Antriebe werden nun gedrosselt und es geht noch 60 Sekunden bei diesen 3 g weiter. Dann, kurz bevor der Tank vollkommen entleert ist, lässt der Commander wissen: „In 10 seconds we have MECO", und innerhalb nur weniger Sekunden fährt er den vollen Schub auf Null herunter. Genauso plötzlich entlädt sich der Andruck von 3 g in die Schwerelosigkeit:

MECO = Main Engines Cut-Off. Das Abstellen aller drei Hauptantriebswerke.

Man ist im Weltraum!

Warum ist man im All schwerelos?

Anders als auf der Erde lässt sich in der Schwerelosigkeit in dieser Stellung minutenlang für den richtigen Schnappschuss posieren.

Kinder und übrigens auch viele Erwachsene antworten darauf: „Weil es dort oben keine Erdanziehung gibt!“ Das ist falsch. Die Erdanziehung reicht im Prinzip bis ins Unendliche.
In der Flughöhe des Shuttles, also in 300 Kilometern über dem Erdboden, beträgt sie immerhin noch 91 % der Erdanziehungskraft auf der Erde.

Diejenigen, die etwas besser in der Schule aufgepasst haben, werden antworten: „Weil sich in der Erdumlaufbahn die Erdanziehungskraft und die Zentrifugalkraft des kreisenden Shuttles ausgleichen!“ Das ist richtig, jedoch nur für eine exakte Kreisbahn. Wenn man als Astronaut von der Erde geradewegs zum Mond flöge, ist das eine gerade Linie durch den Weltraum, ohne Zentrifugalkräfte, aber man ist trotzdem schwerelos. Aber abgesehen davon: Warum ist in der kreisförmigen Umlaufbahn die Zentrifugalkraft exakt genauso groß wie die Erdanziehungskraft? Stellt der Bordingenieur das am Bordcomputer so ein? Und warum ist ein Fisch im Wasser dann nicht auch schwerelos, wo doch die Erdanziehungskraft und die Auftriebskraft sich genau gegenseitig ausgleichen? Dass ein Fisch oder Taucher im Wasser nicht schwerelos ist erkennt man daran, dass beide sehr wohl wissen, wo oben und unten ist, denn der Fisch schwimmt immer aufrecht. In der Schwerelosigkeit könnte derselbe Taucher aber nicht oben von unten unterscheiden.
Bei diesen Fragen gerät man ins Stutzen und ins Schleudern und erkennt, dass das mit der Schwerelosigkeit im Weltraum gar nicht so sonnenklar ist. Der feine Unterschied zwischen dem Schweben im Wasser und dem Schweben im Weltraum ist, dass die beiden involvierten Kräfte, die die Erdanziehungskraft ausgleichen, sehr unterschiedlicher Natur sind: Während die Zentrifugalkraft eine variable Trägheitskraft ist, ist die Auftriebskraft eine feste äußere Kraft ist. Was bedeutet das?

Die Trägheitskraft ist die flexible Antwort eines Körpers auf Geschwindigkeits- oder Richtungsänderungen. Wird ein Körper, zum Beispiel ein Autofahrer im Wagen, beschleunigt oder gebremst, drückt die Trägheitskraft ihn entsprechend nach hinten bzw. nach vorne. Fährt der Autofahrer durch eine Kurve (Richtungsänderung!), dann drückt ihn die Trägheitskraft – dann heißt sie auch Zentrifugalkraft – nach links oder rechts, je nachdem. Die Trägheitskraft ist der Ausdruck des Körpers, seinen augenblicklichen Bewegungszustand beibehalten zu wollen – immer mit gleicher Geschwindigkeit geradeaus. Ein Merkmal der Trägheitskraft ist, dass die Natur es so eingerichtet hat, dass sie die äußeren Kräfte, die den Körper zur Änderung seines Bewegungszustandes zwingen, genau ausgleicht oder wie Newton es ausdrückte:
Aktion = Reaktion.
Es gibt noch ein zweites Merkmal: Jeder Massepunkt im Körper des Autofahrers erfährt dieselbe Trägheitskraft. Salopp formuliert, wirkt die Trägheitskraft durch und durch.

Genau das ist bei der Auftriebskraft oder bei anderen äußeren Kräften (wie bei der Schubkraft eines Autos oder bei der Kraft des Luftwiderstandes) verschieden. Sie haben eine fest vorgegebene Größe und greifen von außen, an der Oberfläche eines Körpers an. Bei einem Taucher in einer bestimmten Tiefe hat die Auftriebskraft eine bestimmte feste Größe, die unabhängig ist von seinem Bewegungszustand und die seinen Anzug (und nicht alle seine Körperteile gleichmäßig) nach oben drückt.

Die dritte Kraft, die mit im Spiel ist, ist die Erdanziehungskraft. Sie ist, genauso wie die Trägheitskraft, eine Kraft, die an jedem Punkt im Körper angreift. Auch sie wirkt durch und durch. Wird also die Erdanziehungskraft ausschließlich durch eine flexible Trägheitskraft ausgeglichen, wie das im All der Fall ist, dann gleichen sich in jedem Punkt eines Körpers die beiden Kräfte genau aus: Der Körper ist sozusagen durch und durch schwerelos. Bei einem Astronauten gibt also keinen Teil seines Körpers, dessen Gewicht durch die Erdanziehung nicht ausgeglichen wäre. Zum Beispiel hängen ihm nicht die Wangen herunter – das passiert ihm nur auf der Erde. Deshalb weiß er auch nicht, wo oben und unten ist. Ganz anders die Situation beim Taucher. Für den Taucher ist die Situation ähnlich wie draußen auf dem Land. Sein Gewicht, hervorgerufen von der durchdringenden Erdanziehung, wird auf dem Land durch seine Füße von außen abgestützt und im Wasser durch die Auflage des Körpers auf dem Anzug. Weil das Gewicht jedes Körperteils nicht direkt durch eine „Durch-und-Durch"-Kraft, sondern durch eine äußere Kraft über seine Körperoberfläche ausgeglichen wird, kommt es zu Verschiebungen in seinem Körper. Die Wangen hängen einem Taucher im Anzug genauso herunter wie hernach abends beim Bier im Biergarten. Genauso drücken übrigens die Gewichtssteinchen im Gleichgewichtsorgan nach unten, die ihm das Oben und Unten signalisieren. Hier wie dort weiß er hoffentlich noch, wo oben und unten ist.

Auch der Luftauftrieb und der Luftwiderstand sind äußere Kräfte. Daher ist eine Fliege im Flug zum Glück nicht schwerelos, denn sonst wüsste sie nicht, wo oben und unten ist.
Eine Fliege im Weltraum hingegen ist sehr wohl schwerelos. Auf der ersten Deutschen Raumfahrtmission D1 im November 1985 wurden Fliegen zu Beobachtungszwecken mit ins All genommen. Weil sie dort nicht mehr wussten, wo oben und unten ist, torkelten sie beim Fliegen durch ihre Glasbox. Eine Fliege – Willi, wie sie später genannt wurde – entkam der Glasbox und flog frei im Raumlabor herum. Willi hatte damals schnell herausbekommen, dass man da oben fliegen kann, auch ohne die Flügel zu schlagen. So stellte sie bald das Flügelschlagen ein und schwebte so durch das Raumlabor.

Der Luftwiderstand hat seine eigenen Tücken. Die Atmosphäre dünnt sich nämlich nur sehr langsam ins Weltall aus. Selbst in der Umlaufbahn des Shuttles gibt es noch Spuren der Erdatmosphäre. Diese ganz wenige Atmosphäre führt bei der rasanten Geschwindigkeit des Shuttles zu einem geringen Luftwiderstand. Als äußere Kraft greift sie ans Shuttle an und führt zu einer der Erdanziehung äquivalenten Restschwere. Sie beträgt zwar nur etwa ein Millionstel der Erdschwere, aber sie ist dennoch so groß, dass sie empfindliche Experimente stören kann. Lange, große Flüssigkeitssäulen biegt sie zum Beispiel etwas durch. Wissenschaftler nennen diese Restschwere Mikrogravitation (Maßeinheit 1 Mikro = 10^{-6}). Nimmt der Luftwiderstand beim Rückflug zur Erde langsam zu, dann nimmt auch die entsprechende Restschwere zu. Ein Astronaut, der aus dem Weltraum zurückkommt, wird also nicht schlagartig schwer, wenn er wieder auf der Erde aufsetzt, sondern der Übergang zur Erdschwere verläuft ganz langsam, parallel mit der Zunahme der Luftdichte. Bereits in den höheren Luftschichten, wo das Shuttle wieder aerodynamisch fliegen kann, hat der Astronaut seine Erdschwere wieder zurück.

Das Gefühl der Schwerelosigkeit

Wenn man einmal von den seltenen Situationen, in denen man beispielsweise Trampolin oder von einem Turm ins Wasser springt, absieht. In der kurzen Zeit dieses Fluges ist man tatsächlich schwerelos. Nur, man erlebt diese Phasen nicht als etwas ganz Neues, weil viel zu kurz und weil man in Gedanken mit dem Ablauf der Bewegung und dem gleich eintreffenden Aufprall beschäftigt ist.

Die wohl meistgestellte Frage lautet: „Was war für Sie das Beeindruckendste Ihrer Mission?". Die Antwort darauf ist schnell gefunden, es sind drei Dinge: das Erlebnis des Starts, der faszinierende Blick auf die Erde – und das Gefühl der Schwerelosigkeit. Auf Erden begleitet uns die Erdschwere ein Leben lang ohne Ausnahme. Wir sind so sehr mit ihr verwachsen, dass mit der Begegnung der Schwerelosigkeit automatisch eine vollkommen neue Erfahrung verbunden sein muss. Das ist nicht nur logischerweise so – so ist es wirklich.

Die so genannte Weltraumkrankheit, unter der ungefähr 70% aller Raumfahrer leiden, ist die Antwort des Körpers auf diese äußerst ungewohnte Situation und ist beschrieben im Abschnitt „Es geht rund" des Kapitels „Der Flug".

Gerade weil die Erfahrung so ganz anders ist und der Körper darauf sehr drastisch reagieren kann, müssen alle Raumfahrer weltweit vor ihrem ersten Flug an so genannten Parabelflügen teilnehmen, bei denen echte Schwerelosigkeit für bis zu einer halben Minute erreicht werden kann. Deutsche Astronauten machen dies zweimal im Jahr bei der NASA in Houston. Dort auf dem Flugplatz Ellington Field, direkt neben dem Johnson Space Center, befindet sich eine umgebaute KC-135, eine fensterlose Militärversion einer Boing 707, mit der solche Flüge durchgeführt werden. Man steigt morgens gegen 10 Uhr mit etwa 10–15 Kollegen ein und nimmt auf den wenigen Sitzen im Heck, in der ansonsten komplett ausgeräumten Maschine, Platz. Dann geht es hinaus über den Golf von Mexiko, wo der Pilot den Flieger auf Maximalgeschwindigkeit (ca. 900 km/h) bringt und ihn dann in einen Steigflug von 45° überführt.

Die B707 im Steigflug. Die Schwerelosigkeitsphase beginnt.

Bis hierher keine Spur von Schwerelosigkeit. Erst wenn der Pilot den Steuerknüppel leicht nach vorn drückt und die KC-135 einer parabelförmigen Flugbahn folgt, geht es los. Wie im Auto, wenn man mit großer Geschwindigkeit über eine Kuppe fährt, so hat man jetzt das Gefühl abzuheben – und man hebt wirklich ab und ist wahrhaft schwerelos! Nach maximal 25 Sekunden muss der Pilot das hinabschießende Flugzeug wieder abfangen und zieht es wieder kräftig nach oben. Innen hört dabei die Phase der Schwerelosigkeit schlagartig auf und man fällt, in welcher Höhe man sich auch gerade befindet, auf den mit Schaumstoff ausgepolsterten Boden. Weil sich der Flieger nun in einer umgekehrten Parabelbahn befindet, ist man in dieser ebenso langen Phase ungefähr doppelt so schwer wie üblich!

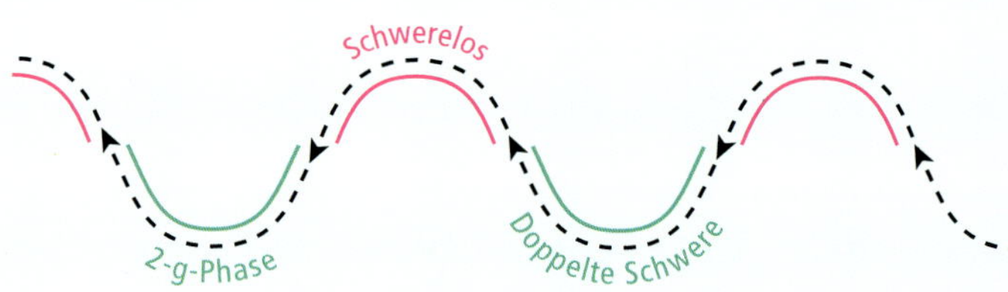

An diese 2-g-Phase schließt sich direkt die nächste Schwerelosigkeitsphase an und daran die nächste 2-g-Phase usw. Die KC-135 durchfliegt also eine wellenartige Kurve, auf deren oberen Teilen man schwerelos und auf deren unteren man doppelt so schwer ist. Und genau das ist der Trick: Die Schwerelosigkeit ist nämlich nur auf Kosten einer ebenso langen 2-g-Phase möglich, womit man im Mittel wieder normal schwer ist. Nach fünf Parabeln legt der Pilot eine kleine Pause ein, korrigiert Flughöhe und Kurs und schon geht es in die nächsten Parabeln, insgesamt

Die B707 in der Schwerelosigkeitsphase im Sturzflug kurz vor dem Abfangen, dem Übergang in die 2-g-Phase.

30–40 am Tag und 4 Tage die Woche. So lernt also der zukünftige Raumfahrer, was die Schwerelosigkeit für ihn bedeutet. Wie auch später im Weltraum reagiert der Körper prompt und entleert gewisse Körperinhalte in bereitgehaltene Tüten. Das ist die eine nicht so erhebende, aber dennoch beeindruckende Erfahrung. Vom Gefühl der Schwerelosigkeit bekommt man nur begrenzt etwas mit. Zu beherrschend ist der schnelle Wechsel zwischen 0 g und 2 g und die damit einhergehende Verwirrung der Sinne und des Körpers, als dass man sich während der Schwerelosigkeitsphasen auf seine innersten Empfindungen konzentrieren könnte.

Noch weniger kann das Tauchen unter Wasser, dass als Schwerelosigkeitstraining auch durchgeführt wird, ein Schwerelosigkeitsgefühl vermitteln. Wer einmal wirkliche Schwerelosigkeit erlebt hat, weiß, dass das Schweben unter Wasser wenig mit Schwerelosigkeit zu tun hat. Schließt man dort die Augen, weiß man immer noch, wo oben und unten ist. Wie könnten sonst auch Fische im Wasser aufrecht schwimmen?

Nein, das Gefühl der Schwerelosigkeit ist von ganz anderer Art. Anders als beim Parabelfliegen oder Tauchen ist man völlig unbeschwert – von Geräten, vom Wasserdruck und vom Gedanken des nahenden Endes der Schwerelosigkeit – und selbst die Weltraumkrankheit hat sich bereits nach spätestens 36 Stunden im All komplett verflüchtigt. Man befindet sich in einem ganz normalen Zustand, in einer ganz normalen Umgebung. Schließt man die Augen und lässt sich langsam durch den Raum driften, die Arme und Beine in ganz lockerer Haltung leicht angewinkelt, dann gibt es nichts, was einen noch beeinflussen könnte und man kann sich vollkommen auf das eigene Empfinden konzentrieren.

Ich hatte zunächst das Gefühl, als wiederhole sich ein Traum. In meiner Jugend träumte ich oft, ich liefe vor unserem Hause eine abschüssige Straße hinunter. Ich wurde leichter und leichter und irgendwann hob ich ab und schwebte. Ich flog nicht, ich schwebte, und nirgendwo sonst hatte ich im täglichen Leben je dieses Gefühl. Und genau dieses Gefühl, das ich während des Traumes hatte, ist nahezu identisch zu dem in der Schwerelosigkeit. Es ist unter Psychologen bekannt, dass der Traum vom Laufen, Abheben und Schweben unter den Menschen sehr verbreitet ist. Ist also dieser Traum eine unbewusste Erfahrung der Schwerelosigkeit? Wie kann der Körper etwas sehr Realistisches träumen, was er nie wirklich erfahren hat? Oder ist dieser Traum eine lustvolle Variante des Verstandes auf die kurze, aber gefährliche Schwerelosigkeitserfahrung „Fallen" im Alltag?

Die fünf Astronauten beim Parabelfliegen mit Ulf Merbold als Trainer.

Was empfindet man im Zustand der Schwerelosigkeit? Zunächst fällt auf, dass etwas Wichtiges fehlt. In welchem Bezug zur Umgebung befinde ich mich gerade? Wo ist die Decke mit den Lampen und wo der Boden? Ich weiß es nicht mehr. Ich habe auch kein Gefühl mehr dafür – und ein Oben und Unten gibt es tatsächlich nicht mehr! Diese fehlende Beziehung ändert mein Empfinden radikal. Ich fühle mich nicht mehr in eine Welt eingebettet, die mich gerade noch umgab, sondern alles Sein reduziert sich nur noch auf mich. Wie kann es etwas anderes geben, zu dem ich noch eine Beziehung habe? Und selbst wenn es da irgendwo etwas gibt, ist es dann nicht dasselbe, als wenn es das nicht gäbe? Ich habe das elementare Gefühl allein zu sein.
Ich bin die Welt – sonst nichts!

Schwerelosigkeit – völlig losgelöst!

Diese Hinwendung auf das Ich lässt einen nur noch mehr in sich hineinhorchen. Was hat sich an mir geändert? Mit fällt auf, dass nichts mehr belastet. Die Kleidung, die einen immer noch wärmt, schwebt wie eine Hülle um den eigenen Körper und liegt fast nirgendwo mehr auf.
Auch sie ist schwerelos und berührt weder die Schultern noch sonst einen Körperteil. Es ist so eigenartig und ungewöhnlich, dass man mit den Schultern ein wenig wackelt, um zu fühlen, ob die Kleidung noch da ist. Aber nicht nur die Last der Kleidung fehlt, auch die Last des eigenen Körpers ist verschwunden. Kein Körperdruck mehr auf die Fußsohlen beim Stehen oder auf den Allerwertesten beim Sitzen. Die Arme liegen nirgendwo auf, wie sonst immer. Es ist schon eigenartig: Erst in dieser Situation, wo man absolut nichts mehr vom Körper verspürt, erkennt man umfassend, welche Belastungen der Körper auf der Erde wirklich hat, obwohl es doch genau umgekehrt sein sollte! Erst nach dieser Erfahrung wird mir heute das kaum spürbare Herunterhängen der Wangen bewusst. Und dieses leichte Schmetterlingsgefühl in meiner Magengegend ist, wie ich heute weiß, das Ziehen der Eingeweide unter dem Einfluss der Erdschwere. In der Schwerelosigkeit ist einfach absolut nichts mehr davon da. Man ist im wahrsten Sinne des Wortes „vollkommen unbeschwert".

Ja doch, wackeln, das geht. In der Schwerelosigkeit kann man sich zwar aus eigenem Antrieb weder vorwärts noch rückwärts oder sonstwohin bewegen und auch nicht drehen, aber Körperverwindungen sind möglich.

Vollkommen unbeschwert. Woran merke ich dann eigentlich noch, ob ich einen Körper habe, wenn nicht an diesen äußeren Eindrücken? Und die eigene Antwort ist verblüffend: Es scheint so, als gäbe es ihn tatsächlich nicht mehr! Nichts, aber auch gar nichts, deutet mehr auf ihn hin. Eigenartig, ein Sein ohne Körper! Aber was ist denn dann noch das, was ich als mein Sein empfinde? Auf der Erde hatte ich meinen Körper und im Nachhinein erst merke ich, wie ich in der Erdschwere mein eigenes Sein doch nur über die Erfahrung des eigenen Körpers definierte. Ich wackle leicht mit den Schultern und tippe mit beiden Daumen auf die Zeigefinger. Jawohl, da ist er noch – da bin ich noch! Doch nun, ohne ihn, bin ich noch da? Natürlich bin ich noch da, ich spüre es, sonst könnte ich mir diese Frage nicht stellen! Aber genau das ist es! Das Einzige, was mir bleibt, was mich ausmacht, ist das Denken. Ich denke, also bin ich!

Cogito, ergo sum – Ich denke, also bin ich! Diese Erkenntnis ist bereits viel älter. René Descartes äußerte sie schon im 17. Jahrhundert. Sein Zugang dazu war jedoch ein vollkommen anderer und beruhte auf seinem grundsätzlichen Zweifel an allem, auch am Sein. Die Tatsache, dass er zweifelte, selbst an der Existenz des Seins, war für Descartes die Grundlage für den Beweis, dass wenigstens er existierte: Ich zweifle, also denke ich, also bin ich ein denkendes Wesen, also bin ich.

Genau diese Gedanken gingen mir damals in dem Moment durch den Kopf, und es war ein bemerkenswertes Gefühl, das ich nie mehr vergesse. Das ist das Besondere an der Schwerelosigkeit: Sie reduziert, auf einen selbst, auf den Geist.

Der Körper spielt verrückt

Der erste Tag im Weltraum geht vorbei. So mancher Astronaut hat viel Zeit damit verbracht, seine Weltraumkrankheit zu bekämpfen und man ist müde geworden. Was man jetzt bräuchte, wäre ein Schuhanzieher, um in die engen, U-Boot-artigen Kojen zu schlüpfen, von denen es vier an Bord gibt. Während die drei obersten ziemlich anständig aussehen, ist die unterste, die kleinste, so gebaut, dass man mit dem Rücken nach oben schlafen muss. Nun macht ja in der Schwerelosigkeit „oben" und „unten" bekanntermaßen keinen grundsätzlichen Unterschied. Ein bisschen eigenartig ist es jedoch schon, da das Middeck, in dem sich die Kojen befinden, mit seiner Einrichtung ein psychologisches Oben (beleuchtete Decke) und Unten (massive Stahlplatten als Boden) suggeriert. Schwebt man nun ganz vorsichtig in diese unterste Koje hinein und dreht sich eine halbe Drehung, sodass der Rücken nach oben und das Gesicht nach unten weist und das Middeck seitlich draußen auf dem Kopf steht, dann beschleicht einen das sichere Gefühl: Dabei schlafen? Vergiss es! Missbilligend schließt man die kleine Schiebetüre der Koje neben sich, um seine Ruhe zu haben. Etwas verstimmt und dazu eingezwängt ist man nun ganz allein für sich in diesem dunklen Schuhkarton, der nur durch ein kleines Leselicht am Kopfende spärlich beleuchtet wird. Doch dann passiert bei vielen Astronauten das Unglaubliche. Es dauert keine 15 Sekunden und plötzlich hat man das ganz normale Gefühl, auf dem Rücken zu liegen! Das Gefühl dabei ist genauso wie bei den bekannten optischen Täuschungen, bei denen es zwei konträre Interpretationsmöglichkeiten gibt: Zeigt das Bild eine weiß-schwarze Treppe, die aufwärts steigt oder eine schwarz-weiße, die abwärts führt? Man ist zu einem Zeitpunkt immer nur auf eine Interpretation fixiert, kann aber, anders als in der Koje, mit ein wenig Übung gedanklich in die andere umspringen.

Was beim ersten Mal in der Koje zunächst verwirrt, wird später zu einem beliebten Spiel am Tage. Man betritt, pardon, beschwebt zum Beispiel das Raumlabor, das einen Durchmesser von immerhin etwa 2 Metern hat und hängt sich mit den Füßen in die Reling an der Decke ein, mit dem Kopf „nach unten". Zunächst das ganz irdische Gefühl, man hängt wirklich nach unten – wobei einem erfreulicherweise nicht auch noch das Blut in den Kopf schießt. Und dann, ganz plötzlich, passiert er wieder, dieser mentale Salto, der den Kopf wieder nach oben und die Füße nach unten bringt, während jetzt das Labor auf dem Kopf steht! Und weil's so schön war, wieder zurück, mit den Füßen von der Reling auf den Boden des Labors. Hierbei kommt es aber nicht zu diesem Salto, sondern man durchläuft eine kurze Phase von Orientierungslosigkeit. Der Orientierungssinn merkt zwar, da draußen tut sich was. Das Endergebnis ist aber ein vertrautes „Decke in der Nähe des Kopfes" und „Boden bei den Füßen". Für die Orientierung also alles sofort wieder in Ordnung: Man steht wieder aufrecht in einer aufrechten Umgebung. Dieses Hin und Her, das man gerne öfters ausprobiert und das immer wieder funktioniert, vermittelt einem das besondere Gefühl, nicht einer optischen Täuschung ausgeliefert zu sein, sondern dass man selbst zugleich Ursache und Gegenstand dieser Täuschung ist. Man spürt, der Körper findet sich einfach nicht mehr zurecht und macht sich so selbst zum Maß aller Dinge: In einer paradoxen Umgebung und ohne ein durch die Schwere vorgegebenes Oben und Unten ist eben mein Kopf oben und meine Füße sind unten. Punktum.

Eine beliebte Übung der Astronauten im Spacelab: Mein Kollege Hans Schlegel hat sich mit den Füßen in die Reling eingehängt und steht „auf dem Kopf". Dabei führt er ein medizinisches Experiment durch, das mit einem Ultraschallsensor auf der Stirn die Hautschichtdicke und damit die Flüssigkeitsverschiebung in der Schwerelosigkeit misst. Wenn man das Bild um 180° verdreht betrachten, dann wirkt das Bild zunächst wie auf dem Kopf stehend. Genau das empfinden zunächst auch alle Astronauten, weil das Licht unnatürlicherweise von unten kommt und es oben dunkel ist. Nach wenigen Sekunden springt dann aber die Vorstellung mancher Astronauten und sie haben das Gefühl, sie stünden wieder normal aufrecht.

Auch für das Shuttle ungewöhnlich: Zwei Astronautenkollegen schlafen auf einer Liege im Spacelab.

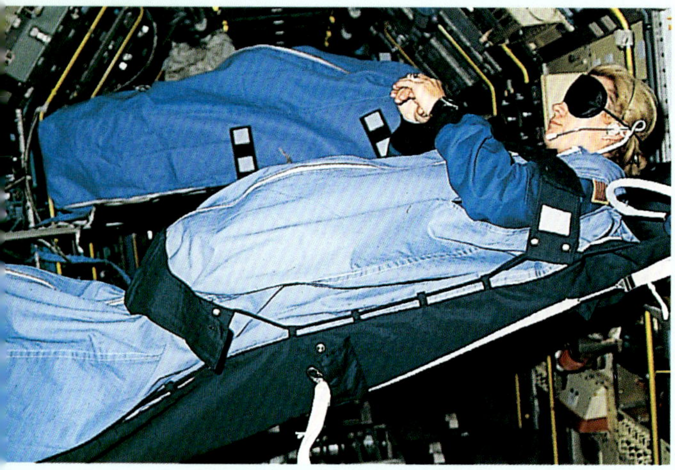

Zurück zum Schlafen. Da schwebt man nun unbeholfen in der Koje, hat aber jetzt wenigstens das richtige Gefühl von „oben" und „unten". Dennoch, die Situation ist einfach ungemütlich. Der Körper schwebt in einer Art Leinenschlafsack, mit Reißverschluss vorne und zwei runden Ausschnitten an der Seite, durch die man die Arme stecken kann. Und wenn das Shuttle von Zeit zu Zeit seine kleinen Vernier-Düsen feuert, um wieder die richtige Orientierung im All einzunehmen, dann schlägt es einen irgendwo an die Kojenwand. Die Lösung, dies zu verhindern, mag ungewöhnlich erscheinen, ist aber einfach und effizient. Man zieht sich handbreite Bänder über die Beine, den Bauch und über die Stirn, die einen zusammen mit dem Schlafsack an die Kojenwand und den Kopf auf das Kopfkissen drücken. Jetzt erst stimmt alles für den ersehnten Schlaf: Man hat endlich das Gefühl, irgendwo sanft aufzuliegen, und die Welt rundherum ist wieder im Lot.

Es gibt übrigens einige wenige Astronauten, die im Weltraum stets und immer die quälende Vorstellung haben, auf dem Kopf zu stehen. Ich habe nie erfahren, ob diese bedauernswerten Menschen jemals ein zweites Mal geflogen sind. Ich jedenfalls bezweifle das.

Zum Schluss noch das Licht aus und der kurze Check, dass der kleine Ventilator, der frische Luft in die Koje bläst, auch wirklich funktioniert, weil man sonst Gefahr liefe, zu ersticken. Dies ist nämlich eine besondere Tücke der Schwerelosigkeit. Wegen der im Weltraum fehlenden Luftkonvektion bleibt die Luft dort oben im wahrsten Sinne des Wortes stehen. Das ausgeatmete Kohlendioxid vermischt sich nicht mit neuem Sauerstoff der umgebenden Raumluft, sondern bildet vor dem Mund eine unsichtbare Blase, in die man ständig ausatmet und aus der man auch immer wieder einatmet. Man droht zu ersticken! Mir ist jedoch bisher noch kein Fall bekannt, bei dem ein Raumfahrer an seinem eigenen Atem erstickt wäre, dazu sind die Ventilatoren im Shuttle zu zuverlässig.

Konvektion beruht bekanntlich auf dem Aufsteigen leichterer warmer Luft und dem Absteigen schwererer kalter Luft. So sorgt die Konvektion auf der Erde stets für eine unmerkliche Durchmischung der Zimmerluft.

Geschlafen wird auf der MIR wie beim Einschichtbetrieb auf dem Shuttle, nämlich dort, wo es am gemütlichsten scheint. Der Schlafsack lässt sich nicht nur auf den Boden, sondern ebenso an der Wand, in einer Ecke oder an der Decke anbringen! Nur bei einem Zweischichtbetrieb auf dem Shuttle, wie etwa bei der D-2 Mission, gibt es kleine Kojen, in die man seitlich hineinschlüpfen und sie schließen kann, um ungestört vom weiteren Betrieb zu schlafen.

Mein Kollege Klaus-Dietrich Flade, der im März 1992 während der deutschen MIR'92-Mission auf der MIR-Station war, erzählte mir einmal von eigenartigen Schlaferlebnissen während seiner Mission. Er hatte sich im verzweigten System der MIR-Module, eine Schlafstelle herausgesucht, deren Luft vom Umluftsystem der MIR-Station offensichtlich nicht vollständig umgewälzt wurde. Er berichtete mir von Nächten, in denen er plötzlich aufwachte, Atemnot verspürte und durch eine Körperdrehung oder durch einen Wechsel des Schlafortes wieder seinen Schlaf fand.

Die Erklärung dazu liegt im Warnsystem des menschlichen Körpers. Die Atemnot bei längerem Tauchen, beispielsweise, beruht nicht auf fehlendem Sauerstoff in den Lungen, sondern ein bestimmter Bereich im hinteren Teil des Gehirns schlägt Alarm, weil der Kohlendioxid-Partialdruck, also der CO_2-Gehalt im Blut, die dem Körper erträgliche Grenze überschritten hat. Und das Wunderbare an diesem Alarmsystem ist, dass es selbst im Schlaf funktioniert und einen aufwachen lässt. Der Mensch hat übrigens weitere solcher Warnsysteme. Ganz ähnlich funktioniert das Blutdruck-Warnsystem. Bei älteren Menschen, die sowieso schon unter zu geringem Blutdruck leiden, sinkt durch die körperliche Ruhe des Schlafes der Druck so weit ab, dass es zu einer ernsthaften Unterversorgung des Gehirnes mit Blutsauerstoff führen könnte. Daher wachen diese Personen öfters des Nachts auf, glauben auf die Toilette gehen zu müssen, regen aber lediglich durch die Bewegung den Kreislauf wieder an und legen sich dann wieder schlafen.

Ein mit mir befreundeter Arzt dazu: „Wenn man abends kurz vor dem Ins-Bett-gehen eine Tasse Kaffee trinkt und gleich einschläft, noch bevor das anregende Koffein wirkt, hält der Kaffee den Blutdruck die ganze Nacht in Schwung!"

Der Ventilator läuft also beruhigend gleichmäßig und ich schließe ebenso beruhigt die Augen. Zunächst versuche ich noch, mich nach alter irdischer Gewohnheit auf die Seite zu legen, merke aber bald, dass das in der

Schwerelosigkeit ungemütlicher ist, als einfach auf dem Rücken liegen zu bleiben. Das liegt daran, dass es in dem Sinne kein „Auf-dem-Rücken" und „Auf-der-Seite" mehr gibt. Man schwebt ja in seinem Leinenschlafsack, von den Bändern, die einen in Position halten, nur leicht berührt. Es wäre ungemütlicher, wenn einem das Stirnband nur locker am Ohr und der Schläfe berührt – es stellt sich das Gefühl ein, da rutscht bald was runter –, als wenn es über der Stirn liegt. Also wieder zurück auf den Rücken und Augen zu. Diese Schlafgefühl ohne beglückende Bettschwere ist schon recht ungewöhnlich und viele Astronauten können sich einfach nicht so richtig daran gewöhnen. Sie schlafen schlecht, nur wenige Stunden am Tag – und nehmen schließlich Schlaftabletten. Andere – und dazu zähle auch ich – finden das zwar auch ungewöhnlich, aber schlafen wie auf der Erde aus Müdigkeit innerhalb weniger Minuten ein.

Doch, was ist das: Ein Lichtblitz bei geschlossenen Augen?! Ich kann mich zwar nur an ein solches Ereignis erinnern, aber manche Raumfahrer berichten von vielen solchen Ereignissen. Meist mehrere, direkt hintereinander. Die ersten Astronauten glaubten an eine Sinnestäuschung, bis man durch viele detaillierte Berichte wusste, dass sie real sind. Eine Statistik der Beobachtungen, wann und wo sie auftraten, zeigte eine Häufung der Ereignisse während des Überfluges über Südost-Südamerika, also etwa über Argentinien, während erhöhter Sonnenaktivitäten. Das gab den entscheidenden Hinweis. Es handelt sich um den Einschlag hochenergetischer Elementarteilchen, die, üblicherweise abgelenkt durch das Erdmagnetfeld und eliminiert durch die Erdatmosphäre, nie auf die Erdoberfläche treffen. Durch eine Schwäche (Anomalie) des Erdmagnetfeldes über Südost-Südamerika können die Teilchen aber dort bis auf wenige hundert Kilometer an die Erde heranreichen und die Flugbahnen der Raumschiffe kreuzen.

Diese Teilchen sind meist Protonen, die in besonders großer Zahl bei erhöhten Sonnenaktivitäten entstehen, und so genannte HZE-Teilchen, das sind hochionisierte Atome größerer Massezahl, meist hochionisierte Eisen-atome, aus den Tiefen des Weltraums.

Aber wie entsteht der Lichtblitz, der als kurze Lichtspur irgendwo im Gesichtsfeld erscheint? Es handelt sich hier wahrscheinlich zwei sehr ungewöhnliche Effekte, die so genannte Cherenkov-Strahlung und eine direkte Anregung der Netzhaut. Bei der Cherenkov-Strahlung fliegen die genannten Teilchen fast mit Lichtgeschwindigkeit auf das Auge zu und dringen wegen ihrer hohen Geschwindigkeitsenergie fast ungehindert in das Innere des Auges ein, das aus einem transparenten Gel, dem Glaskörper, besteht. In diesem Gel haben aber die eintretenden Masseteilchen eine Geschwindigkeit, die größer ist als die Lichtgeschwindigkeit in diesem Gel. Diese Tatsache steht übrigens nicht im Widerspruch zur Einstein'schen Relativitätstheorie, die besagt: „Nichts kann schneller fliegen als Lichtgeschwindigkeit." Was die Relativitätstheorie meint, ist die Vakuumlichtgeschwindigkeit, sozusagen die freie Lichtgeschwindigkeit im leeren Weltraum. Die Geschwindigkeit des Lichtes verringert sich aber in Anwesenheit von Medien, wie etwa des Augen-Gels, wodurch Masseteilchen, die nahezu mit Vakuumlichtgeschwindigkeit fliegen, schneller sind als das Licht! Solche Überlichtgeschwindigkeits-Teilchen werden durch Kollisionen mit den Molekülen des Gels schnell abgebremst. Dabei reißen die einfallenden Teilchen in einer Art Überschallknall sozusagen Löcher in die Atomhüllen der Moleküle. Die Moleküle werden ionisiert. Beim Wiederauffüllen der Löcher entsteht eine kleine Lichtwelle. Das einfallende Teilchen zieht nun eine lange gerade Spur von Myriaden ionisierter Moleküle hinter sich her, wodurch eben die beobachtete Leuchtspur entsteht, die die umgebende Netzhaut wahrnimmt. Die Überlichtknall-Strahlung, hervorgerufen durch Teilchen mit Überlichtgeschwindigkeit, nennen die Physiker Cherenkov-Strahlung.
Bei der direkten Anregung der Netzhaut treffen die Teilchen direkt die Sehstäbchen der Netzhaut und erzeugen so die Einzel- und Doppel-Lichtblitze, von denen die Apollo-Astronauten berichteten.

Übrigens, Ende des letzten Jahrhunderts, als man gerade die Radioaktivität in der Physik entdeckte, soll es unter den Pionieren ein einfaches, bekanntes Verfahren gegeben haben, um festzustellen, ob ein bestimmtes Material, wie zum Beispiel Uran, radioaktiv (genau genommen Alpha-Strahler – sie geben hochenergetische Protonen ab) war. Man hielt das Material einfach an die Schläfe, und wenn man dann Lichtblitze im Auge sah, war es radioaktiv. So einfach waren damals noch die Messmethoden!

Lichtblitze im Selbstversuch

Großflächige Lichtblitze im Auge, so genannte elektrische Phosphene, lassen sich auch in einem völlig harmlosen Selbstversuch erzeugen. Dazu nimmt man eine 3-Volt-Spannungsquelle (eine Taschenlampe mit zwei Batterien und ohne Birne ist ideal. Achtung, nur Batterien, keine Netzspannung verwenden!) zwei dünne Stromkabel mit abisolierten Enden und nasses Tafelsalz. Je ein Kabel wird an den beiden Kontakten der Taschenlampe fest verdrahtet und das andere Ende eines Kabels von einer Hilfsperson mit etwas Tafelsalz auf dem nassen Finger fest auf die Kopfhinterseite gedrückt. Das Ende des anderen Kabels drückt man nun selbst, ebenfalls mit einem mit Tafelsalz angefeuchteten Finger, rhythmisch auf die Stirn. Jedesmal, wenn das Kabelende die Stirn berührt sieht man einen Lichtblitz. Die so erzeugten flächigen Blitze unterscheiden sich jedoch vom Eindruck her stark von den punktförmigen Lichtblitzen, wie sie die Astronauten sehen.

Nächtliche Lichterspiele

Gerade noch lag die Erde leuchtend ausgebreitet unter einem. Jetzt, nach wenigen Minuten, versinkt sie im Dunkel der Nacht. Und in den wenigen Sekunden des Überganges, dem eigentlichen Sonnenuntergang, zieht die hauchdünne Atmosphäre die ganze Aufmerksamkeit auf sich. Augenblicke zuvor noch so stechend strahlend, lässt die Sonne für nur kurze Zeit in der Ferne die Schichten der Atmosphäre im Spektrum der Regenbogenfarben erglühen und verschwindet dann lautlos hinter der schwach gekrümmten, schwarzen Erdsichel. Diese hauchdünne Erdhülle, Garant irdischen Lebens, changierend vom Blutrot der Troposphäre und weiter über Gelb-Grün zum Smaragdblau der Stratosphäre, liegt eingebettet in das Schwarz der Erdkugel und der darüber liegenden Unendlichkeit des Alls. Sekunden des Schweigens und des Staunens … . Sechzehn Mal am Tag, alle 90 Minuten ereignet sich dieses Schauspiel. Keines wie das andere.

Und fast noch ergreifender der Mondaufgang, insbesondere tagsüber. Kein Bild kann die unnahbare Kühle und majestätische Größe festhalten, mit der der Erdtrabant in gleißendem Weiß hinter der leuchtend blauen Erde aufsteigt. Das tiefe Schwarz des Alls ist würdiger Hintergrund.

Die Lichter auf dem Flugdeck werden ausgeschaltet und das Auge braucht einige Minuten der Gewöhnung. Erste Städte, zunächst leicht rötlich, später dann zu einem strahlenden Weiß anschwellend, schieben sich unter die vom Mond blass erleuchtete Ladebucht des Shuttles. Selbst kleinere Siedlungen lassen sich so noch ausmachen. Beleuchtete Hauptverbindungsstraßen wirken wie glänzende Spinnenfäden in spätherbstlicher Sonne und die grandiose gemeinsame Lichtersymphonie markiert zugleich schemenhaft die Küstenlinien und die Umrisse der Inseln. Besonders bekannt unter Astronauten und Kosmonauten für sein überwältigendes, nächtliches Lichterspiel, der Stiefel von Italien.

Vielleicht wenige hundert Kilometer weiter ein Feuerwerk von Gewitterblitzen verteilt auf mehrere tausend Quadratkilometer. In lautlosen Zuckungen beleuchten sie dabei von unten die dichten Wolkendecken. In chaotischer zeitlicher und räumlicher Folge wirken sie dabei wie milchig gedämpfte Einschlagblitze der nächtlichen Bombenhagel im Zweiten Weltkrieg.

Auf einer Höhe mit dem Shuttle über der Erde, ganz im Norden über den Polen schließlich der irreale Zauber der Aurora borealis, dem Nordlicht. Gigantische, wellblechartige, senkrechte Strukturen strahlen in langsamen Variationen ihrer zufälligen räumlichen Anordnungen. Stickstoff und Sauerstoff der Stratosphäre verleihen diesem Lichterballett einen sanften Farbschimmer in Grün und Rot.

Nordlicht aus 300 km Höhe, Grün ist das Floureszieren des Stickstoffs, Rot des Sauerstoffs der Atmosphäre

Gewitterfront über
Neuguinea bei
Sonnenuntergang

Mexiko,
Mexiko City bei Nacht,
Mondlichtaufnahme

Sonnenuntergang
mit Rottönen der
Tropopause und
blauweißen Schichten
der Stratosphäre

Der Flug

Das Shuttle in der kreisförmigen Erdumlaufbahn in 300 Kilometer Höhe.

Der externe Tank kurz nach dem Absprengen.

Obwohl im Weltraum, ist das Ziel dennoch nicht erreicht. Zehn Sekunden nach MECO (Abstellen der Hauptantriebswerke) wird der leere externe Shuttletank über dem Nordatlantik vor Irland abgesprengt. Er ist das einzige Teil des gesamten Shuttlesystems, das nicht wieder verwendet wird, da es etwa über Indonesien in der Atmosphäre vollständig verglühen wird. Das Shuttle schwebt derweil auf einer elliptischen Bahn schräg nach oben von der Erde weg. Nach 40 Minuten ist die übliche Zielhöhe von 300 Kilometern erreicht. Alle Tätigkeiten müssen jetzt vorübergehend eingestellt werden. Man braucht nun einen sicheren Halt, weil ein kurzer Kick-Burn, der das Shuttle in die kreisförmige Umlaufbahn drückt, die Astronauten gleich durch die Gegend wirbeln würde.

Der Kick-Burn, in der Fachsprache auch „OMS-2 Burn" (OMS = Orbital Maneuvering Subsystem = Orbitaltriebwerke) genannt, ist ein Anlassen der Orbitaltriebwerke für 140 Sekunden und überführt das Shuttle in die endgültige kreisrunde Umlaufbahn um die Erde. Der vorausgehende optionale „OMS-1 Burn", der zur Bahnkorrektur während des elliptischen Aufstiegs dient, entfiel auf unserer Mission.

Es geht rund

Bereits in der ersten Phase der Schwerelosigkeit, also direkt nach MECO, beginnt dieses sehr unangenehme Druckgefühl im Kopf, als wenn man auf einem Berghang mit dem Kopf nach unten läge. Körperflüssigkeit schießt in den Kopf und findet keinen Abfluss, weil die Halsmanschette des Raumanzuges die Halsvenen abdrückt. Ein beidhändiger Griff hinter die Manschette bringt mir wohltuende Entlastung und fürs Weitere halten zwei extra dafür vorgesehene Gummibänder auf der Anzuginnenseite, die ich nach außen ziehe und am Aufnahmekranz des Anzugs für den Helm mit Klettverschluss befestige, den Rückfluss frei. Das ändert jedoch nichts daran, dass mein Kopf während der gesamten Mission wegen eines leichten Flüssigkeitsüberschusses immer leicht aufgedunsen bleiben wird. Das führt bei manchen zu Kopfschmerzen, bei allen aber zu einer mehr oder weniger verstopften Nase. Astronauten wie ich, die besonders stark unter einer verstopften Nase leiden, stecken sich gleich ein Fläschchen Nasenspray ein, denn das wird ihr treuer Begleiter für die ersten Tage der Mission bleiben. Der Commander und Pilot haben jetzt, zusammen mit den Missionspezialisten, alle Hände voll zu tun, den sicheren Zustand des Shuttles zu checken und ihn in einen Modus zu bringen, der für die Arbeit an Bord des antriebslos dahinschwebenden Shuttles vorgesehen ist: Orbitprogramme laden, Brennstoffzellen zur Energieversorgung starten, Ladeluken öffnen, Shuttle ausrichten, etc. Ich kann mich derweil des lästigen Raumanzuges entledigen, der nur zur Sicherheit beim Start und zur Landung vorgesehen ist, und weil das nicht so ganz einfach ist – der Reißverschluss befindet sich auf dem Rücken und man muss durch die rückwärtige Anzugöffnung aussteigen! –, helfen sich die Astronauten gegenseitig. Raumanzug, Stiefel und Helm kommen in einen braunen Netzsack und werden vorübergehend in die Schlafkoje und später zum Ausdünsten in den Tunnel zum Raumlabor gesteckt. Ich hole mir aus der Schublade mit meinen

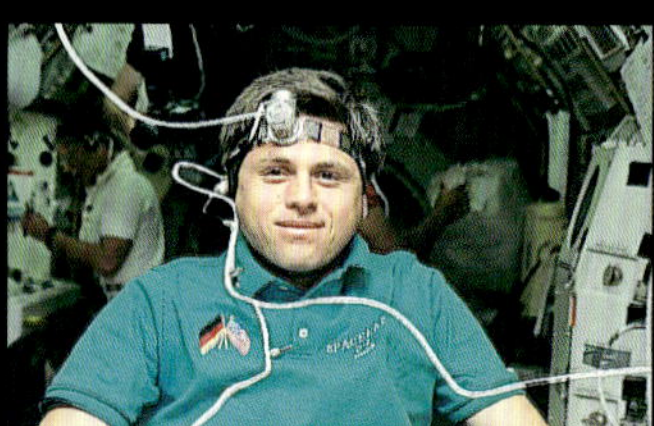

Puffy Face, aufgedunsenes Gesicht, nennen die Amerikaner diesen leicht ungemütlichen Zustand.

Das mit dem Holen dauert ein bisschen, denn man fühlt sich hier nicht gleich wie zu Hause, wo man jede Ecke kennt. Sollte man vergessen haben, wo die eigene Schublade ist, muss man im persönlichen Bordbuch nachlesen, wo man es hoffentlich vorher notiert hat. Wenn nicht, geht eine langwierige Sucherei los und kostbare Zeit verloren.

persönlichen Sachen ein T-Shirt, eine dieser blauen Hosen und, endlich, frische Unterwäsche. Die alte kommt in ein Kleidernetz zum Ausdünsten und mein „Helfer in der Not" natürlich in den Nassabfall.

Solche Bilder auf das Shuttle werden von einer automatischen Kamera auf der frei fliegenden, so genannten SPAS-Plattform aufgenommen, die sich ansonsten in der Ladebucht des Shuttles befindet.

Man hat jetzt erstmals Zeit, die Situation etwas genauer zu betrachten. Die Kollegen sind nicht nur mit ihrer Arbeit beschäftigt, sondern manche auch mit sich selbst: Es liegt ein Duft in der Luft, der nichts Gutes ahnen lässt. Man merkt es auch selbst: Bei jeder schnellen Drehung des Körpers, bei jeder schnellen Kopfbewegung wird einem mulmig. Die Weltraumkrankheit hat zugeschlagen, von der etwa 70% aller Raumfahrer betroffen werden. Ihr einziger Trost: Nach spätestens 36 Stunden ist alles vorbei. Als erste Gegenmaßnahme ziehen viele unwillkürlich den Kopf zwischen die Schulter, was die Kopfbewegungen stark einschränkt. Das mildert, verhindert jedoch nicht grundsätzlich den Gang des Frühstücks nach oben. Zurückhalten macht die Sache nur noch langwieriger. Ein Griff zur Tüte in der Brusttasche und einmal den Dingen freien Lauf lassen ist besser; der Ort für den Nassabfall ist ja bereits bekannt. Bei vielen gesellen sich noch Kopfschmerzen, Rückenschmerzen, anhaltendes Unwohlsein, ... dazu. Die, bei denen absolut nichts mehr geht, lassen sich von ihrem Kollegen eine Spritze mit Phenagran setzen, von ihrem Commander vorläufig „arbeitsunfähig schreiben" und suchen sich zum Auskurieren der SAS-Symptome für die nächsten Stunden ein ruhiges Eckchen – am besten ihre Schlafkoje. Doch die müssen sie sich mit dem Kollegen von der anderen Schicht teilen, und wenn sie Pech haben, war der vor ihnen da. Mehr kann man für seine Maläse vorerst nicht tun.

Phenagran ist ein in den Vereinigten Staaten bekanntes Sedidativ, das oft bei starker Seekrankheit eingesetzt wird.

SAS, Space Adaption Syndrome, also Weltraumanpassungssyndrom, ist eine eher schmeichlerische Umschreibung der NASA für diesen anfänglich drastischen Tribut an die Schwerelosigkeit.

Hans Schlegel und Ulrich Walter befreien sich nach dem Start von ihrem Raumanzug LES, der nur bei Start und Landung getragen wird.

Der Blick von oben

In mir erwacht Neugier. Ein Blick auf den minutiös ausgearbeiteten Arbeitsplan zeigt mir, dass ich gerade nichts zu tun habe. Ich vergewissere mich, dass auch keine anderen Arbeiten für mich anliegen und schwebe jetzt erstmals auf das Flugdeck, dort, wo sich die Fenster des Shuttles befinden.

Erwartungsvoll schaue ich hinaus und sehe ... Wasser! Nichts als tiefblaues Wasser! Meine tägliche Erfahrung, nach der die Erde praktisch nur aus Land besteht, wird zutiefst erschüttert. Zwei Drittel der Erdoberfläche sind Wasser und nicht Land! Hier begreife ich es wirklich. Wahrscheinlich ist es der Pazifische Ozean und dabei wird es für die nächste halbe Stunde,

„Der Pazifik. Man ermisst nicht seine Größe, wenn man auf einen Globus sieht. Aber wenn man mit 7,7 km pro Sekunde fliegt und es immer noch 25 Minuten dauert, bis man ihn überquert hat, dann weiß man, er ist groß."

Ein typischer Blick über den Verbindungstunnel und das Raumlabor auf die bewölkte Erde.

also die nächsten 15.000 Kilometer, auch bleiben. Das wenige, was man sieht, reicht aber vorerst zum Staunen. Strahlend weiße Wolkenformationen verschleiern kunstvoll das Blau des Meeres. Man könnte meinen, die Erde im Weltraum sei einer bayerischen Laune entsprungen: Die Wolken zusammen mit dem Meer bilden eine Komposition in bayerischen Nationalfarben vor dem pechschwarzen Hintergrund des Alls.

Aus dieser Entfernung von 300 Kilometern ist die Erde zwar noch nicht als ganze Kugel zu sehen, aber die Erdkrümmung läuft bei richtiger Anordnung der Fenster gerade am oberen Gesichtsfeld entlang. Jetzt sieht man auch erstmals, was es bedeutet, dass der Durchmesser der Erde zwar 12.750 Kilometer beträgt, die Atmosphäre aber nur etwa 20 Kilometer dünn ist. Bei diesem ins Auge springenden Größenvergleich erscheint unsere irdische Schutzhülle wie eine hauchdünne Reifschicht, so zerbrechlich, dass man glauben könnte, der geringste Windhauch genüge, sie einfach wegzufegen und jede Berührung, jede kleinste Beeinflussung hinterließe schwere Kratzer. Und in dieser gebrechlichen, zarten Schicht spielt sich all das ab, was wir Leben nennen. Das Leben, ein Balanceakt zwischen der mächtigen, undurchdringbaren Masse Erde und – ein Blick zur Seite – dem lebensfeindlichen Nichts des Alls! Der Mensch bewohnt nicht einmal die ganze Erde. Die Menschheit ist lediglich ein unscheinbarer Bazillus auf einer die Erde umspannenden Seifenblase, im unendlichen Meer des Universums.

„Die Erde erinnerte uns an einen Weihnachtsbaumschmuck, aufgehängt in der Schwärze des Weltalls. Dieser wunderschöne, warme, lebende Körper sah so zerbrechlich aus, so zierlich, dass er zerbröckelte und zerfiele, wenn man ihn berühren würde. Das zu sehen, muss einen Menschen verändern, ihn würdigen lassen die Schöpfung Gottes und die Liebe Gottes."
James Irwin, USA, Apollo 15. Juli 1971.

Nachdenklich schwebt man am Fenster, wobei der Pazifik wie eine endlose, immergleiche Walze unter einem wegrollt. Es beginnt auf der Erde merklich dunkler zu werden, der Übergang zur Nacht liegt vor einem. Innerhalb nur weniger Minuten verschwinden die noch wenigen sichtbaren Strukturen in einem grau-schwarzen Einerlei. Die Ladebucht des Shuttles strahlt jedoch weiterhin in der sich setzenden Sonne – vor dem nun schwarzen Hintergrund sogar scheinbar viel intensiver. Ich zücke die Kleinbildkamera, mit der ich den Sonnenuntergang, der kurz bevorsteht, einfangen will. Sie hat als einzige ein 1000-mm-Objektiv, das als Fernrohr die volle Pracht des Untergangs einfangen kann. Ich bin gewappnet. Doch die Sonne ist selbst kurz vor dem Eintauchen immer noch so stechend hell, dass es unmöglich ist, einen direkten Blick auf sie zu riskieren. Aus dem Schwarz des Weltraums kommend, ist sie jetzt kurz davor, in den schmalen hellen Streifen der Atmosphäre einzutauchen. Anders als auf der Erde, wo ein ausgedehntes Abendrot in den Dimensionen einer Kinoleinwand über viele Minuten hinweg der untergehenden Sonne einen würdigen Rahmen verleiht, verläuft der Sonnenuntergang hier oben bisher völlig unspektakulär. Der Horizont liegt wegen der großen Flughöhe des Shuttles nicht wie

Erst bei solch einem Blick, wie hier auf Grönland, wird einem die kaum erkennbare Zartheit der Atmosphäre, die uns und unsere Erde schützt, deutlich.

auf der Erde einige wenige zig Kilometer, sondern 2000 Kilometer weit entfernt. Die Sonne wird zudem nicht optisch aufgebläht und oval verformt, sondern bleibt ein stecknadelkopfgroßer, stechend kleiner Strahler. Doch dann geht alles ganz schnell. Innerhalb von vielleicht nur 15 Sekunden durchläuft sie den dünnen Streifen der Atmosphäre und lässt ihn dabei aufglühen. Eingebettet in die Regenbogenpalette der leuchtenden Atmosphärenschichten, erkennt man dabei durch die Linse die schwarzen, teilweise bizarren Wolkenstrukturen. Immer wieder drücke ich kurz hintereinander den Auslöser, denn kein Augenblick ist wie der andere. Von der bereits untergegangenen Sonne rückseitig bestrahlt, leuchtet die Atmosphäre zwar noch etwas nach, doch das eigentliche Schauspiel ist bereits vorüber. Sollte man nicht alles genauestens mitbekommen haben, dann könnte man jetzt trotzdem die Kamera beruhigt wieder beiseite legen und endlich an die Arbeit gehen. In 45 Minuten wird die Sonne wieder aufgehen und in 90 Minuten ein neuer Sonnenuntergang folgen.

Ich habe die Arbeit kurz unterbrochen. Nicht nur weil die Sonne in wenigen Minuten wieder aufgehen wird, sondern auch weil das Shuttle gleich Houston überfliegen wird. Durch das 8-monatige Training bei der NASA kennen ich die Gegend da unten, wo auch meine Familie irgendwo wohnt, ganz gut. Es ist 6 Uhr morgens Houston-Zeit. Für das Shuttle ist die Sonne bereits aufgegangen, die Ladebucht glänzt wieder strahlend hell, während die Stadt als elektrisches Lichtermeer noch im Dunkel der Nacht liegt. Unglaublich, welche Details man sehen kann. Von hier aus betrachtet löst sich die Ausfallstraße Highway 145, die ich üblicherweise nach einem Bummel durch die Stadt nach Hause fahre, übergangslos aus dem Lichtermeer des Stadtkerns in Richtung des geraden Lichterstreifens, die Küste. Kurz danach, mit dem Wagen immerhin 20 Fahrtminuten entfernt, die Abzweigung zur NASA Road 1, die man, wenn auch nur schwach, ebenfalls noch erkennen kann. Sie verliert sich in einem Wohngebiet, dessen detaillierte Strukturen ich zwar nicht mehr erkennen kann, von dem ich aber weiß, dass sich dort in einem der Wohnblocks meine Familie befindet. Und während ich hinunter auf mein Zuhause schaue, lächle ich innerlich, weil die Menschen dort unten unser Shuttle als leuchtenden Punkt über den dunklen Himmel ziehen sehen können. Aber ich muss jetzt wieder zurück an die Arbeit.

So geschehen auf meiner Mission am 4. Mai 1993 zu genau dieser Tageszeit, nachdem ich per Faxnachricht meiner Frau schrieb, ich würde hinuntersehen, und sie mir später beschrieb, wie sie mit meiner Tochter auf dem Bordstein sitzend das Shuttle vorbeiziehen sah.

Heute ist der Tag, auf den ich gewartet habe. Die NASA gönnt mir fünf Stunden freie Zeit an einem Stück, weil unsere Mission länger als neun Tage dauern wird und weil selbst Astronauten einmal eine längere Ruhepause brauchen. Zwei Dinge habe ich mir vorgenommen. Mein Körper hat sich nun vollkommen an die Schwerelosigkeit gewöhnt und ich will deren Möglichkeiten ausloten und sie genießen. Aber zweifellos das Wichtigere von beiden ist der ungestörte Blick auf die Erde. Noch fliegen wir, wie fast immer, über Wasser – augenblicklich über den Atlantik. In wenigen Augenblicken wird aber Europa am Horizont auftauchen. Die Weltkarte „liegt" zur Orientierung griffbereit neben mir. Die NASA hat sie

Die gleißende Sonne kurz vor dem Untergang.

Die Erlebnisse habe ich im Special „Warum ist man im All schwerelos?" (Seite 66) mit den Teilen „Das Gefühl der Schwerelosigkeit" (Seite 68) und „Der Körper spielt verrückt" (Seite 71) beschrieben .

durchgehend auf die Vorder- und Rückseite eines DIN-A3-großen, festen Kartons geklebt. Der Karton wird rundum locker bedeckt von einem in sich geschlossenen Band transparenter Folie, die genauso breit ist wie der Karton hoch und die sich beliebig um den beidseitig präparierten Karton schieben lässt. Auf der Folie sind drei aufeinander folgende, um 22,5 Längengrade gegeneinander versetzte, wellenartige Flugbahnen des Shuttles aufgemalt, die drei aufeinander folgenden Orbits entsprechen. Schiebt man nun die mittlere Bahn auf die richtige Position auf der Karte, so weiß man stets, welches Gebiet man gleich überfliegen wird, was man auf der letzten Umkreisung gesehen hat und was einen auf der nächsten erwartet. Dieser Flugplaner sagt nun voraus, dass wir in den nächsten 30 Minuten einen „Aufstieg" über Europa und einen „Abstieg", beginnend über dem Kaukasus, weiter über Nordindien, die Sunda-Inseln, bis nach Australien erleben werden, wo schließlich die Sonne untergehen wird.

°

Doch zunächst Europa. Wie mit offenen Armen werden wir empfangen mit einem Blick über die Straße von Gibraltar auf das Mittelmeer. Links die Iberische Halbinsel, rechterhand die nördlichen Teile von Afrika mit dem rostroten Landschaften des Atlasgebirges. Das Erste, was auffällt, als das Shuttle die Küstenlinie überfliegt, ist die unglaubliche Schärfe, mit der man die vielen Details sieht. Gerade schiebt sich eine kleinere, an einem Fluss gelegene Stadt in das Sichtfeld. Nach der Karte könnte es Cordoba sein, vielleicht auch eine andere (Man kann das Ortsschild nicht erkennen!). Wie auch immer, im hellen Licht der Sonne ist jeder größere Straßenzug deutlich sichtbar. Am Rande der Stadt ein von der Umgebung abgegrenzter gerader kurzer Strich, die Startbahn des Flughafens. Zum Teufel, wie ist es möglich, alles so genau erkennen zu können, viel schärfer als aus einem Flieger in 10 Kilometer Höhe.

Warum das so ist? Im Special „Der Marilyn-Monroe-Effekt" (Seite 83) ist es genauestens beschrieben!

Aber das Erlebnis, die Welt von dort oben zu sehen, besteht nicht nur darin, diese unerwartet vielen Details zu erkennen, sondern auch, dass man von Horizont zu Horizont ganze Meere, ganze Staaten in einem Umkreis von ungefähr 1800 Kilometer überblicken kann. Man hat von hier oben eben beides: diesen grandiosen Überblick über die Erde und die Details der einzelnen Strukturen. Genau das macht das Erlebnis Raumflug aus, was kein Bild einer Kamera vermitteln kann. Ein Bild wie in diesem Buch zeigt entweder einen Überblick oder ein Detail, es kann nicht beides. Aber Astronauten, sie haben beides. Ich sitze vor dem Fenster und sauge dieses Erlebnis tief in mich hinein, auf dass ich es nie vergessen möge, und ich habe es nie vergessen! In ihrer Eindringlichkeit brannten sich die Bilder sozusagen in mein Gedächtnis ein und werden mich ein Leben lang begleiten. Das ist der Grund, warum jeder Astronaut immer wieder gerne ins All möchte, um es noch einmal zu erleben.

Indem ich dies schreibe, schließe ich meine Augen und ich sehe die Inseln des Pazifik wie kleine Schmuckstücke auf einem blauen Kleid vor mir vorbeiziehen. Unauslöschliche Erinnerungen wie die aus meiner Jugend.

„Von allen Leuten, mit denen ich über die Erfahrung des Weltraums gesprochen habe, können nur die beginnen mich zu verstehen, die mir am nächsten stehen. Meine Frau weiß am Ton meiner Stimme, was ich meine. Meine Kinder wissen beim Blick in meine Augen, was ich meine. Meine Eltern wissen, was ich meine, weil sie mich damit aufwachsen sahen. Solange man nicht wirklich hingeht und es selbst erfährt, wird man es nie wirklich verstehen."
Robert Cenker, STS-61C.

Blick über Gibraltar auf das Mittelmeer.

Auf die Erde schauen mit Marilyn Monroe..

Die mir oftmals gestellte Frage, ob man auch die Chinesische Mauer von dort oben sehen kann, beantwortet sich dabei von alleine. Natürlich! Das Besondere an der Chinesischen Mauer ist jedoch, dass man sie angeblich als einziges menschliches Werk auch vom Mond aus erkennen soll. Doch wie im Special „Ich habe da eine Frage" (Seite 162) ausführlich beschrieben, ist das nicht der Fall.

Es ist schon erstaunlich, welche Details sich von der Shuttleumlaufbahn aus sehen lassen: einzelne Flüsse, Landebahnen, Häuserblocks, ja einzelne Straßen, selbst kleinere, wenn sie durch monotones Gelände verlaufen. Wie kann das sein? Aus 300 Kilometer Höhe!

Ich nenne es den Marilyn-Monroe-Effekt. Er wurde in den 60er Jahren oft eingesetzt, um Spielfilmen einen Spritzer Erotik zu verleihen. In einer typischen Szene duscht eine junge Frau in einer Kabine mit schlierigen Scheiben, derweil die Kamera in etwas größerem Abstand filmt. Es ist der Blick des Voyeurs. Marilyn dicht hinter den Schlieren kann den Außenstehenden nicht erkennen, er verschwimmt in Unschärfe. Genauso erginge es dem Kameramann, ginge er ganz nahe an die Scheibe heran. Mit zunehmendem Abstand erscheinen die Konturen hinter der Scheibe aber immer schärfer. Andererseits, zu weit soll die Kamera auch nicht entfernt sein.

Eine ähnliche Situation liegt auch beim Flug über die Erde vor. Zwischen dem Shuttle und der Erde liegt die stets turbulente Atmosphäre, die die Konturen immer ein wenig verschwimmen lässt. Am deutlichsten wird das nachts durch das Flimmern der Sterne, die dadurch auch nicht mehr punktförmig, sondern ein wenig flächig wirken. Während wir in einem Abstand von 300 Kilometern über dieser 20 Kilometer dicken Schicht kreisen, befinden sich die Menschen direkt auf deren Unterseite. Analog zum Kameramann vor der schlierigen Duschscheibe verwischt die turbulente Atmosphäre den Blick eines Passagiers im Flugzeug in 10 Kilometer Höhe relativ stärker als unser Blick in 300 Kilometer Höhe. Vorausgesetzt man hat scharfe Augen, dann lässt sich vom Shuttle aus das volle menschliche Sehvermögen ausspielen: Das theoretische Auflösungsvermögen eines gesunden Auges, begrenzt durch dem Abstand der Sehstäbchen auf der Augennetzhaut, beträgt eine halbe Bogenminute. In einer Entfernung von 300 km und einer vernachlässigbaren atmosphärischen Störung in dieser Höhe kann man damit tatsächlich alles erkennen, was größer ist als 30 Meter!

Durch einen kleinen Trick des Sehzentrums erkennt man sogar Strukturen, die noch kleiner sind. Will man etwas genau erkennen, bewegt man unbewusst die Augen ein ganz wenig hin und her. Benachbarte Sehstäbchen überstreichen und registrieren dabei winzigste Details, die sonst genau zwischen zwei Stäbchen fallen würden und unerkannt blieben. Mit diesem kleinen Wackeltrick wird auch bei einigen Camcordern das Auflösungsvermögen verbessert. Dazu kommt eine spezielle Nervenverschaltung im Auge und ein besonderes Analyseverfahren im Sehzentrum des Gehirns, die beide auf Kanten- und Mustererkennung getrimmt sind.

Die Details von Riad/Saudi Arabien aus 300 Kilometer Höhe.

Mit dieserart geschärftem Sehvermögen lassen sich sogar Strukturen erkennen, die nur in einer Ausdehnungsrichtung größer sind als 30 Meter und in der anderen sogar kleiner. Straßen in monotonem Gelände eben.

In 2 Minuten hat man 1000 km überstrichen, in 4 Minuten ist man an der Stelle, wo man gerade eben noch den Horizont in weiter Ferne sah! In 90 Minuten fliegt man einmal um die ganze Erde und an einem Tag legt man die Strecke von 670.000 km zurück oder 16 Erdumkreisungen, was der Strecke Erde-Mond hin und zurück entspricht!

Dazu diese besondere Atmosphäre des Raumfluges. Man schaut hinunter und erkennt, wie die Erde in einer wahnwitzigen Geschwindigkeit von 28.000 km/h unter einem hinwegzieht. Auf der Erde ist man gewohnt, hohe Geschwindigkeiten mit großen Lautstärken zu verbinden. Bei 160–180 km/h auf der Autobahn ist es so laut, dass man den Beifahrer kaum versteht. Aber hier gleitet man lautlos, trotz dieser irrwitzigen Geschwindigkeit, denn im luftleeren Raum, in der Schwerelosigkeit des Weltalls, sind alle Antriebe abgeschaltet. Es gibt keine Windgeräusche, nur die Ventilatoren für die Luftzirkulation surren. Es ist so irreal, dass es einem eiskalt den Rücken herunterläuft. Nach einigen Tagen kennt man dann jedoch „seine" Erde und man beginnt Zusammenhänge zu sehen, übergreifende Eigenschaften, wie man sie vorher nie erwartet hätte. Man hat beispielsweise gelernt, Kontinente an ihren Farben zu erkennen. Wann immer man hinunterschaut und Land sieht, weiß man, über welchem Erdteil man sich gerade befindet, denn jeder Erdteil hat seine charakteristische Farbe! Südamerika etwa ist dunkelgrün. Die Farbe des Regenwaldes dominiert diesen Kontinent. Afrika mit seiner ausgedehnten Wüste Sahara und den angrenzenden Steppen und Savannen präsentiert sich in einem ockerbraunen Ton. Australien: der gesamte Kontinent ein tiefes Purpurrot! Indonesien mit seinen vielen Inseln, dessen Regenwald stets im Dunst liegt, ebenfalls ein dunkelgrünes Farbmeer. Europa? Im Süden noch ein freundliches Hellbraun, ansonsten nur Graugrün – sollten die ebenso trostlosen Wolken ausnahmsweise einmal den Blick auf den Boden freigeben. Selbst die Wolken, ein trostloses Grau. Und hier beginnt man erstmals selbst die einfache, aber zutreffende astronautische Faustformel abzuleiten:

Ein Sandsturm aus der Sahara zieht auf einer Breite von vielen hundert Kilometern in Richtung Südost.

„Dort, wo der Mensch nicht leben kann, in den Eis- und Sandwüsten, ist die Welt wunderschön und dort, wo der Mensch lebt, leben kann, ist die Welt nicht oder auch nicht mehr so schön!"

Es ist darüber hinaus sehr befriedigend zu sehen, wie nichtig die anscheinend wichtigen menschlichen Probleme sind. Die Nachrichten im Fernsehen, voll von staatlichen und kriegerischen wie diplomatischen Auseinandersetzungen. Aus dem Weltraum hat die Erde ein ganz anderes Gesicht. Für sie zählt der Mensch nicht. Sie käme auch gut, vielleicht besser, ohne ihn aus. In ihrer stoischen Ruhe sind die Menschen für sie von der gleichen Bedeutung, wie Bakterien für den Menschen. Staatliche Grenzen? Nichts dergleichen prägt die Erde. Was zählt, sind Länder und Kontinente. Zwei Ausnahmen vielleicht: Die schnurgerade Grenze zwischen Israel und Ägypten – sie verläuft sichtbar am östlichen Rande des Sinai (siehe Sinaibild in der Bildstrecke Afrika – Seite 122 oben) – und die ebenso geradlinige Grenze zwischen Angola und Namibia, 200 Kilometer nördlich der Etosha-Pfanne in Südwest-Afrika. Hier wie dort ist es jedoch nicht die Grenze selbst, die erkennbar wird, sondern der krasse Gegensatz zwischen der ausgedehnten Landnutzung der angrenzenden Staaten.

„Ein chinesisches Märchen erzählt, wie einige Männer ausgesandt wurden, ein junges Mädchen zu verletzen, die aber beim Anblick ihrer Schönheit zu Beschützern denn zu Feinden wurden. Das war es, was ich beim ersten Anblick der Erde verspürte. Ich konnte nicht anders, als sie zu lieben und zu behüten."
Taylor Wang, China/USA, STS-51B.

„Vom Weltraum sah ich die Erde, unbeschreiblich schön – ohne die Narben der nationalen Grenzen."
Muhammad Ahmad Faris, Syrien, Sojus-TM3, 1987.

„Am ersten Tag deutete jeder von uns auf sein Land. Am dritten oder vierten Tag zeigte jeder auf seinen Kontinent. Ab dem fünften Tag gab es für uns nur noch eine Erde."
Sultan Bin Salman al-Saud, Saudi Arabien, Shuttle STS-5, Juni 1985.

Das Rot Australiens, hier östlich des Lake Disappointment in der Gibson Wüste in West-Australien.

Bedeutung. Oder der Ausbruch des Pinatobu im Juni 1991, der innerhalb weniger Tage 7 Kubikkilometer (!) Staub in die Stratosphäre katapultierte und in der Stratosphäre die gesamte Erde mit einem aus dem Weltraum gut sichtbaren Staubschleier überzog. Dessen chemische Umwandlungsprodukte in Form von Schwefelsäure und Amoniumsulfat ließen sich selbst noch nach zwei Jahren während unserer Mission deutlich als breites rosa Band in der Stratosphäre ausmachen. Vielleicht von ähnlicher Dimension, aber doch viel subtiler, das menschliche Werk, der Ozonschwund. Obgleich dieser auch in der Stratosphäre stattfindet, lässt er sich nicht mit dem bloßen Auge ausmachen. Ozon ist farblos und genauso wenig sichtbar wie das vom Menschen ausgeatmete Kohlendioxid in unserer Luft. Selbst das dramatische Ozonloch über der Antarktis ist ein Prozess, der sich außerhalb des Sichbarkeitsbereiches des menschlichen Auges vollzieht.

Also schließlich die zentrale Frage: Hat der Mensch die Erde bereits so stark beeinflusst, dass man das vom Weltraum aus sehen könnte? Diese Frage lässt sich kaum zuverlässig beantworten, weder von mir noch von irgendeinem anderen Astronauten oder Spuren. Die Schwierigkeit in der genauen Beantwortung der Frage liegt darin, dass man den Zustand der Erde nur zum Zeitpunkt der gegenwärtigen Mission sieht, ihn aber nicht mit dem früherer Jahre vergleichen kann. Es fehlt der Vergleich, was normal ist. Wäre eine rosafarbene Erde anormal, wenn man sie ein Leben lang durch eine rosa Brille betrachtet hätte?

Ausbruch des Kljutschewskaja-Vulkans auf der russischen Halbinsel Kamtschatka im September 1994.

Großflächige Waldbrände auf Korsika am 31.7.1985

Selbst wenn es einen Vergleich gäbe, blieben sehr langsame Veränderungen unerkannt. Nur im direkten Vergleich ließen sich Unterschiede ausmachen. Nach meinem Eindrücken gibt es gegenwärtig überall auf der Erde kristallklare Gegenden und die vielen Dunstschichten, die man überall antrifft, kamen mir eher natürlichen Ursprungs vor. Andererseits gibt es alte Kosmonauten, die mehrmals geflogen sind und berichten, dass nach ihrer Einschätzung die Atmosphäre früher ein wenig sauberer gewesen ist. Ob dem so ist oder ob hier ein Trug der Erinnerung vorliegt (die Sommer unserer Jugend waren immer sonniger als die heutigen, dabei waren die Sommer der Jahre 1994 und 1995 die heißesten seit Jahrzehnten!), ist schwer zu sagen. Ich denke, die Frage hat nicht den Stellenwert, den man ihr gemeinhin beimisst. Sie ist ein wenig zu vordergründig, zu emotional belegt. Wichtige Veränderungen in der Natur der Erde können sich bekanntlich auch außerhalb des Wahrnehmungsbereiches unserer Augen vollziehen.

Ich genieße immer noch meine fünf Stunden Freizeit am Stück und habe lediglich über den Ozeanen die Kamera aus der Hand gelegt. Ansonsten haben wir hier an Bord einen Film nach dem anderen verschossen. Wir sind dabei nur guter Durchschnitt. Im Mittel bringen die Shuttleastronauten 5000-6000 Bilder pro Mission zurück. Nicht alle jedoch allein wegen der Schönheit der Erde. Viele auch, weil sie sich in ganz andere Genüsse ummünzen lassen! „Beer Sites“ nennen die Astronauten ganz offiziell solche etwa ein Dutzend vor der Mission genauestens festgelegten Punkte auf der Erde, von der die NASA oder eine andere Einrichtung der USA unbedingt ein gutes Bild braucht. Das Schießen eines „Beer Sites“ hört sich einfacher an, als es tatsächlich ist, denn die Punkte befinden sich üblicherweise unter dicken Dunst- oder Wolkenschichten und sind nur selten in voller Schönheit sichtbar. Bei uns war es zum Beispiel das Bikini-Atoll der Amerikaner, von dem unbedingt ein gutes Bild nach Hause gebracht werden musste. Es gelang uns zwar kein exzellentes Foto, aber die Qualität war der NASA dann doch einen Kasten Bier wert.

Für jeden gelungenen „Beer Site“-Schuss gibt es bei der Abschlussparty, etwa drei Wochen nach der Mission, von der NASA einen Kasten Bier, daher der Name.

Der Eintritt der dreiviertelstündigen Nacht mag für den Astronauten, der einfach nur die Erde betrachten will, im ersten Augenblick verschenkte Zeit sein. Wenig später, wenn sich seine Augen an die Dunkelheit gewöhnt haben, ist die Erde bei Nacht ein ganz besonderes Schauspiel. Da sind zunächst die abendlichen Wärmegewitter, die sich bis in den irdischen Morgen hineinziehen. Das Lichterspiel der durch die Wolken gedämpften Blitze erinnern mich in zweifacher Hinsicht an das vom Flugzeug aus zu sehende Aufblitzen detonierender Bomben bei Nachtangriffen in alten Filmen des Zweiten Weltkriegs. Trotz ihrer zerstörerischen Wirkung geht von ihnen ein magisch-fesselnder Zauber aus. Ohne Zusammenhang blitzt es in schnellem Wechsel, mal hier, mal dort auf. Manchmal bildet sich aber ein Blitz, der bis zu hundert Kilometern weit durch die Wolken zuckt und dabei eine schlängelnde Spur zieht. Im Gegensatz zum Furcht erregenden

Gewitter auf der Erde hinterlässt ein Gewitter aus dem Weltraum betrachtet einen eher gespenstischen Eindruck, denn ihm fehlt hier oben, genauso wie beim Bombenhagel vom Bomber aus beobachtet, eine sehr irdische Zutat – der Donner!

Sollten Außerirdische nach dem Augenschein je den Schluss ziehen, die Erde sei mit intelligenten Wesen bewohnt – wobei sich darüber streiten ließe, ob es wirklich Intelligenz auf der Erde gibt –, dann kommt ihnen diese Einsicht sicherlich, wenn es Nacht ist auf der Erde. Denn nachts, wenn nicht gerade Wolken die Sicht nehmen, bestimmt der Mensch das Bild der Erde. Diese grellen, scharf begrenzten Lichter der Städte, verbunden mit ihren Vorstädten durch die Spinnenfäden der Straßenlichter, sind ein markantes Zeichen für die Existenz höherer Wesen. Der Mensch hat sich die Nacht untertan gemacht. Nirgendwo sieht man dies deutlicher als aus dem All. Die Zivilisation präsentiert sich als verzweigtes Lymphsystem, das das Land durchzieht und das Meer rändert, weil gerade Küsten von Menschen bevorzugt bewohnt werden.

Milchstraße. Dieses Wort erhält seine ureigenste Bedeutung im Weltraum zurück. Um die Pracht des Sternenhimmels in voller Schönheit genießen zu können, müssen die Lichter auf dem Flugdeck allerdings ganz heruntergefahren werden. Das Faszinierende dabei ist jedoch nicht nur die enorme Vielzahl von Sternen, die sich dabei offenbart, sondern ihre erbarmungslose Klarheit. Wie feinste Nadelstiche in einem von hinten beleuchteten Samtteppich, so unverrückbar festgenagelt wirken sie am Firmament. Kein Funkeln haucht ihnen scheinbares Leben ein. Ihr stummes Dasein drückt einfach nur die unendliche Stille des Universums aus.

„Da ist eine Klarheit, eine Brillanz des Weltraums, die es auf der Erde einfach so nicht gibt, selbst an einem klaren Sommertag in den Bergen. Und nirgendwo sonst kann man die ganze Erhabenheit unserer Erde erfahren und so beeindruckt sein von dem Gedanken, dass sie nur einer von unermesslich vielen Planeten ist."
Gus Grissom, USA, Mercury 4.

So schön der Blick auf die Erde auch sein mag, den allergrößten Teil der Missionszeit hat man als Astronaut und insbesondere als Wissenschaftsastronaut eigentlich der Arbeit geopfert. Aber es ist wie immer mit der Erinnerung: Nur die schönen und eindringlichen Erlebnisse bleiben haften, die monotone Arbeit wird schnell vergessen.

oben:
New York bei Nacht.

unten:
Halbinsel Florida bei Nacht. Der senkrechte Strich ist das Seitenleitwerk des Shuttles.

Essen, Schlafen, Waschen, Toilette –

Alltag an Bord des Shuttles

Die übliche Schlafform: Im Schlafsack frei im Middeck.

Nichts ist so ungemütlich wie ein beim Schlafen lose herumbaumelnder Kopf!

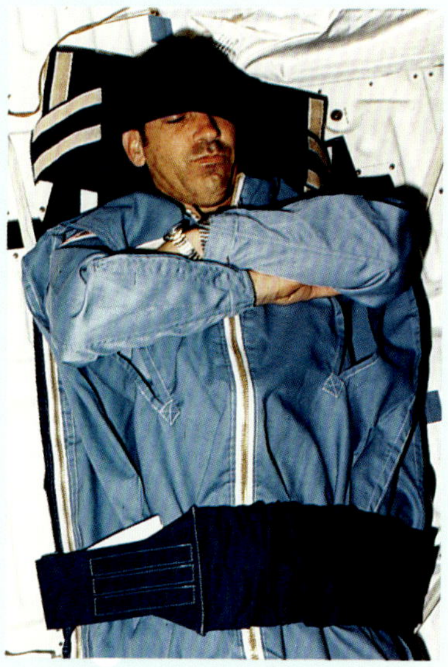

Die Schlaflösung bei Schichtbetrieb: Ernst Messerschmid auf der D1-Mission schaut aus seiner Schlafkoje.

Irgendetwas hat mich aus meinem Tiefschlaf geholt. Ich wache auf und merke sofort: Ich bin in meiner Koje auf dem Shuttle! Ich liege nämlich nicht, ich schwebe in meinem blauen Leinenschlafsack, der genau genommen nur verhindert, dass ich nicht wegdrifte. Irgendwie braucht der Körper für einen guten Schlaf aber zudem das Gefühl, auf irgendetwas zu liegen. Die NASA-Lösung ist genial einfach: Zwei breite Bänder über Füße und Bauch drücken meinen Körper gegen den Boden der Koje und ein zusätzliches über meiner Stirn lässt meinen Kopf sanft auf dem keilförmigen Kissen ruhen. So liege ich mit leicht angewinkelten Armen vor mir herschwebend (dies ist die entspannteste Haltung in der Schwerelosigkeit) in der Koje, die gerade einmal so groß ist wie meine Schultern breit, die Stahldecke vielleicht 30 cm von meiner Nasenspitze entfernt, und die Beine muss ich mit meiner 186-cm-Körpergröße leicht anwinkeln, weil meine Füße am Ende der Koje anstoßen.

Es ist stockdunkel in der Koje. Wieder höre ich Stimmen von draußen. Langsam schiebe ich die Schiebetür neben meiner rechten Schulter nach vorn und schaue hinaus. Im ungewohnt grellen Licht erkenne ich deutlich zwei meiner Kollegen – auf dem Kopf stehend. Um genau zu sein, alles steht auf dem Kopf! Halt nein, ich

In der Schwerelosigkeit gibt es bekannterweise kein Oben und Unten, weshalb es egal ist, in welcher Position man schläft. Die Orientierung wird erst verwirrend, wenn man sie der Umgebung zuordnen muss. Die Konfusion, die dabei entstehen kann, habe ich im Special „Der Körper spielt verrückt" beschrieben.

„Die Salyut-Station hatte einen Staubsauger. Wenn wir vergaßen ihn auszuschalten, begann er fortzufliegen. Ich erkannte, dass dies eine gute Methode wäre, sich umherzubewegen. Mit festem Sitz auf dem Staubsauger flog ich nun durch die Station. Nachdem Popovich sich von seinem Erstaunen gelöst hatte, nahm er eine Kamera, um der Nachwelt dieses neue Fortbewegungsmittel zu dokumentieren."
Yuri Artyukhin, Salyut 3, 1974.

Jeder Astronaut an Bord hat seine vorgegebene Farbe, an der er seine Sachen, sei es nun Essen, Besteck, Kleidung oder sonstige persönliche Dinge erkennt.

bin es doch, der verkehrt herum in der Koje liegt! Wegen der konisch zulaufenden Shuttlespitze, ist nämlich diese unterste der vier an der Shuttlewand angebrachten Kojen auf dem Boden etwas kürzer als an der Decke. Deswegen ist hier, anders als bei den drei anderen, der Schlafsack an der Kojendecke angebracht und ich schlief eigentlich mit dem Rücken nach oben, wovon man natürlich nichts merkt, solange die Koje geschlossen ist.

Ich schlüpfe aus meinem „Schuhkarton" und schwebe zunächst erstmal zur Küche, Frühstück vorbereiten. Für die Toilette habe ich später Zeit, wenn der Kaffee aufwärmt. Ich durchquere die etwa drei Meter des Middecks bis zur Kücheneinrichtung, ein ungefähr 70 cm breiter Schrank, der vom Boden bis zur Decke reicht. Das Frühstück befindet sich in der Schublade, rechts neben der Küche. Mein Magen knurrt, während ich aus der Vielzahl von Tüten und Schalen all die Sachen langsam herausfingere, die einen kleinen braunen runden Aufkleber tragen. Laut des von mir selbst vor dem Flug erstellten Plans sind es getrocknete Aprikosen, Blaubeer-Yoghurt, Müsli mit Blaubeeren, etwas Rührei, und eben schwarzer Kaffee mit Zucker. Das Müsli und das Rührei sind in kleinen rechteckigen Plastikschälchen mit Abdeckfolie eingeschweißt, damit alles schön beisammen bleibt, während der Kaffee – eigentlich Kaffeepulver mit Zucker - in einer flachen Alutüte abgefüllt ist.

Als Erstes braucht das gefriergetrocknete Rührei etwas Wasser. Dafür befindet sich in der Küchenvorderseite ein kleiner Stahldorn in einer Aussparung, die genau so geformt ist, dass sie das Schälchen aufnehmen kann. Ich ziehe den darüber liegenden Bügel zurück, drücke das Schälchen auf den Dorn in die Aussparung und lasse den Bügel wieder los, der das so punktierte Schälchen nun in der Aussparung hält. Dann wähle ich an dem Drehrad rechts daneben eine entsprechende Wassermenge und drücke den gelben Knopf für warmes Wasser. Habe ich das Schälchen wieder entnommen, muss ich den Inhalt mit den Fingern ein wenig walken, damit sich das Wasser gleichmäßig verteilt.

Als Nächstes der Kaffee. Die Tüte wird dort, wo später der Strohhalm ist, einfach nur so auf den Dorn aufgesteckt, warmes Wasser dazu, abnehmen und ebenfalls gut durchwalken. Rührei und Kaffee kommen zum Aufwärmen jetzt in den kleinen Ofen nach unten. Klappe schließen und etwa 20 Minuten warten. Dem Müsli mit Milchpulver gebe ich wie dem Rührei nur etwas kaltes Wasser zu und hefte es mit den anderen Frühstücksteilen an die Außenseite der Schubladen, die übersät sind mit Klettverschlussstreifen, wie überhaupt alle Wände hier im Shuttle.

Interessanterweise ändert sich der Geschmack ein wenig in der Schwerelosigkeit. Viele Astronauten, die täglich viel Kaffee trinken, verschmähen ihn dort oben, er schmeckt irgendwie nicht mehr so gut. Dafür bevorzugt man würzigere, vielleicht sogar schärfere Speisen. Die hervorragenden NASA-Shrimps mit scharfer Soße werden deswegen wie auf einem Basar gehandelt.

Die Shuttleküche mit Flüssigkeitszugabe (links oben) und geöffnetem Ofen (Mitte).

Der Ofen ist ein ganz normaler, kleiner Konvektionsofen mit fest eingestellter Temperatur. Die Bedienung ist denkbar einfach: Ofen einschalten, Essen rein, 20 Minuten warten und Essen wieder rausholen. Mit einer Mikrowelle ginge es vielleicht schneller, aber die gibt es im Shuttle nicht, weil die Mikrowellen die Bordelektronik stören könnten.

In der Schwerelosigkeit kann man nichts „hinlegen“. Alles würde wegdriften. Daher ist ohne Ausnahme auf jedes Teil ein kleines blaues Klettverschlussstück geklebt, mit dem man es auf die Gegenstücke an den Wänden des Shuttles anheften kann. Jede freie Stelle des Shuttles ist mit den Klettverschluss-Gegenstücken bedeckt.

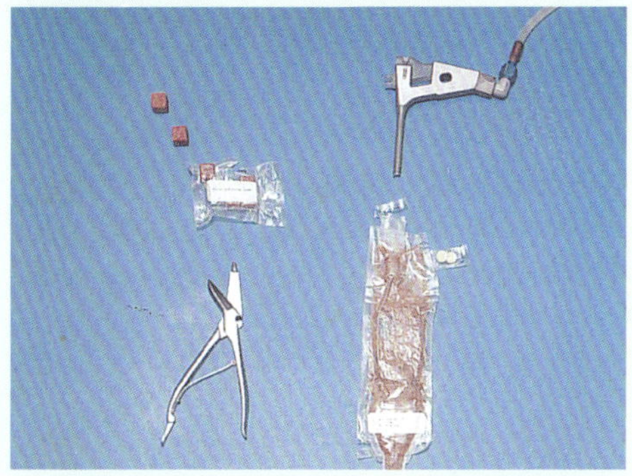

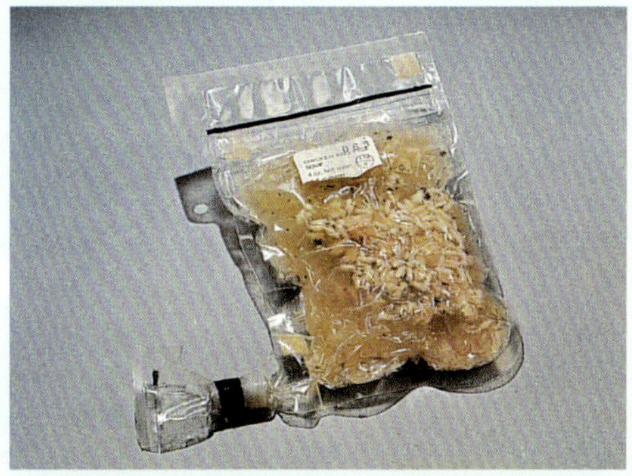

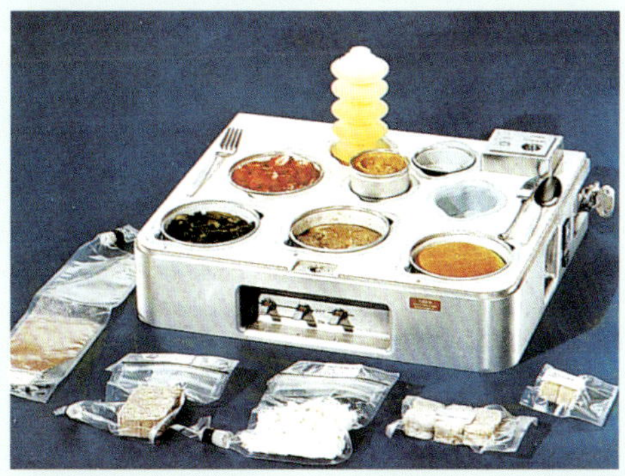

Das berüchtigte Tubenessen aus der Mercuryzeit (Bild 1) entwickelte sich bei Gemini zu länglichen Beuteln (Bild 2) mit erstmals gefriergetrockneten Speisen. Das Wasser musste mit Spritzpistolen zugegeben werden.
Auf Apollo (Bild 3) konnten erstmals warme Speisen eingenommen werden. Heisses Wasser wurde dem Speisebeutel über den unteren Stutzen zugeführt und die hier abgebildete Hühnchensuppe wurde dann mit einem Löffel von oben her gegessen.
Auf den Skylab-Missionen (Bild 4) gab es erstmals ein Warmhalte-Tablett, in dem das Essen in Aluminiumdosen mit üblichem Besteck serviert wurde.
Auf dem Shuttle (Bild 5) gibt es das Essen typischerweise gefriergetrocknet in rechteckigen Plastikschalen und jegliches Getränk in Alubeuteln mit Plastikstrohhalm. Besteck wie gewohnt.
Auf der Internationalen Raumstation (Bild 6) werden die Astronauten in Zukunft den zwar spröden, aber doch modernen Charme des Mikrowellenessens von Interkontinentalflügen genießen können.

Übersicht über die Shuttletoilette mit diversen Fächern für Wasch- und Toilettenutensilien. Die Plastiktrichter für das kleine Geschäft befinden sich links oben.

Die Toilette ist eine ganz besondere Erfindung der NASA. Sie hat so viele Entwicklungsstadien und Versionsänderungen durchlaufen, dass alle Shuttletoiletten der NASA zusammen 23,4 Millionen Dollar (!) gekostet haben. Dafür hat sie eine relativ hohe Zuverlässigkeit, die nicht nur aus Sicht der Astronauten wünschenswert ist, sondern missionsentscheidend sein kann. Ein Ausfall der Toilette kann nach den Flugregeln der NASA nämlich den Abbruch einer Mission zur Folge haben.

Die Toilettenecke lässt sich mit einem Ziehharmonika-Vorhang vom Rest des Middecks abgrenzen, sodass man während der in der Schwerelosigkeit zeitaufwendigen Prozedur ganz für sich allein ist. Über der eigentlichen Toilette sind verschiedene Fächer angebracht, wo man alle, auch die zum Waschen notwendigen Utensilien vorfindet: also Frotteetücher, Papiertücher, aber auch ein Nassabfallsack – und schließlich die wichtigen, kleinen Plastiktrichter. Jeder Astronaut hat hier für das kleinere Geschäft seinen Trichter mit seiner persönlichen Kennungsfarbe verstaut. Die exakt kreisrunden Trichter für die Herren und die mehr ovalen für die Damen haben die Größe von großen Schnapsgläsern mit einem Bajonettverschluss am unteren Ende. Als Erstes steckt man den Trichter auf das Ende eines langen flexiblen Schlauches und legt dann einen kleinen Schalter um, der den Unterdruckmotor hochlaufen lässt.

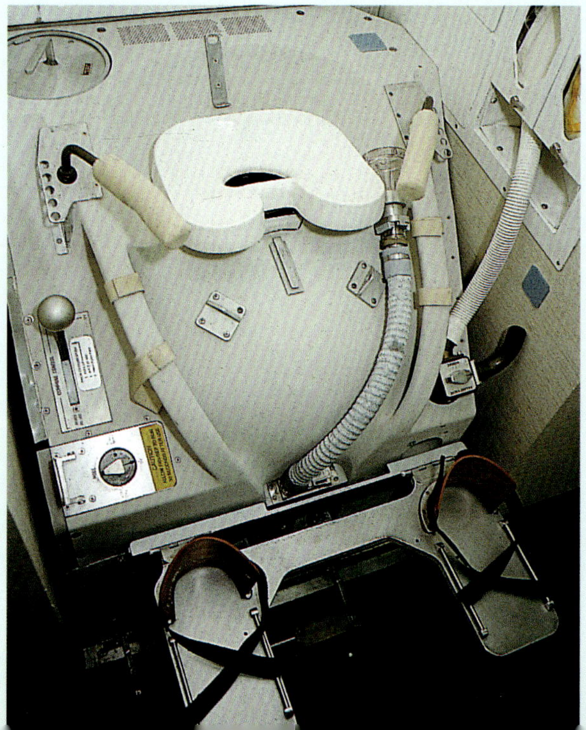

Die Shuttletoilette (Gebrauchsanweisung siehe nebenstehender Text)

Dies ist die kritischste Phase überhaupt. Jeder Astronaut im Middeck kennt den hochlaufenden Ton nur allzu genau. Auch wenn er so tut, als arbeite er unbeeindruckt weiter, so hört doch jeder sehr genau hin, ob der Motor auch wirklich seine Enddrehzahl erreicht. Wenn nicht – und das ist schon öfter vorgekommen – gibt es Probleme! Wenn das Wechselventil auf „Schlauch" steht, dann saugt der Motor nun viel Luft durch den Schlauch. Alles Weitere, denke ich, kann ich der Phantasie des Lesers überlassen. Vielleicht sollte ich nur hinzufügen, dass die Gleichberechtigung im Weltraum so weit verwirklicht ist, dass Männlein wie Weiblein dabei stehen können. Doch Vorsicht! Wer keinen sicheren Halt hat, driftet dabei durch die Gegend!

Größere Geschäfte verlangen mehr Zeit und Aufwand. Auch hier lässt man zunächst den Unterdruckmotor hochlaufen – hört dabei wieder genau hin – und stellt das Wechselventil auf „Toilette". Nach entsprechender Vorbereitung schwebt man dann rücklings auf den ausladenden, „Traktor"-Sitz. Wie man sich leicht vorstellen kann, ist hier, mehr als sonst, ein fester Sitz das A und O.
Dazu zieht man die beiden neben dem Sitz angebrachten beigen Bügel nach oben und dreht sie über die Oberschenkel. Die Bügel sind federnd gelagert und drücken so die Oberschenkel und damit den eigenen Körper fest auf den Sitz. Wer auf Nummer sicher gehen will, kann sich noch die beiden Füße unten festschnallen.

Nach diesen längeren Vorbereitungen – so viel Zeit muss man sich schon nehmen, auch wenn's pressiert – kann es endlich losgehen. Der Unterdruck hat inzwischen Teile der Luft aus dem großen, kugelrunden Hohlraum unter dem Sitz ausgepumpt. Mit dem Hochziehen des großen Hebels, rechts neben dem Sitz, wird zunächst ein Druckausgleich zwischen dem Hohlraum und dem Außenraum geschaffen, was mit einem lauten Zischen vor sich geht. Danach legt man den Hebel nach vorn. Mit dieser Bewegung öffnet sich ein etwa Handteller großer Schacht in der Mitte des Sitzes und es entsteht ein Luftstrom. Jedoch nicht direkt von oben – da sitzt man nämlich – sondern von der Seite, unter dem Sitz, gelangt der Luftstrom in den Bereich des Schachtes, reißt alles, was sich dort auch befinden mag, mit sich und führt es in den Hohlraum, wo der Strom in Richtung der Wände fließt und alles fein säuberlich verteilt. So wird der Hohlraum, mal langsam, mal schneller, von außen nach innen gefüllt.

Das mag sich alles problemlos anhören, ist es aber nicht. Im Hohlraum wird nämlich nicht alles gleichmäßig verteilt, sondern durch den eintretenden Abstrom türmt sich das meiste von unten nach oben auf. Da hilft nur nachhelfen. Es ist Aufgabe des Bordingenieurs, in gewissen Abständen nachzusehen und mit einem langen Schaft zu verteilen. Ein anderes Problem ist der Schacht, genau genommen der Schachtdurchmesser. Er muss so gewählt sein, dass er nicht zu groß ist, sonst ist der Luftzug zu gering und alles bleibt bereits im Schacht stecken, und andererseits nicht zu klein, sonst trifft man nicht. Um dem Bordingenieur das Leben zu erleichtern, hat die NASA den Durchmesser relativ klein gewählt und dafür den Astronauten eine Trainingstoilette für Zielübungen in Houston spendiert.

Nun kann man das Toilettentraining im Trainingsplan nicht festschreiben. Deswegen findet man dieses delikate Training auch auf keinem offiziellen Trainingsplan. Aber vor dem Flug vergewissert sich jeder Commander bei seinen Mitfliegern einzeln und persönlich, ob es auch durchgeführt wurde.

Wie kann man nun so ein Zieltraining überhaupt realisieren? Die NASA wendet in einem speziellen Trainingsraum hierfür eine 2-Schritt-Methode an. Erst eine „Trocken"-Trainingseinrichtung und gleich nebenan eine 1:1-Shuttletoilette. Ich denke, es ist jedem klar, dass man nicht in letzter Minute in die Trainingseinrichtung stürmen kann, um gleich darauf festzustellen, dass man die Technik noch nicht beherrscht. Auch wenn's eilt, man muss sich einfach die Zeit für eine ausgefeilte Technik auf der Trockeneinrichtung nehmen. Und das geht so: Die Trockeneinrichtung besteht nur aus dem Sitz in entsprechender Höhe, dem Schacht – und einem Fernsehmonitor. Setzt man sich – auch hier nach entsprechender Vorbereitung – auf den Sitz, dann befindet sich direkt vor einem der Monitor.

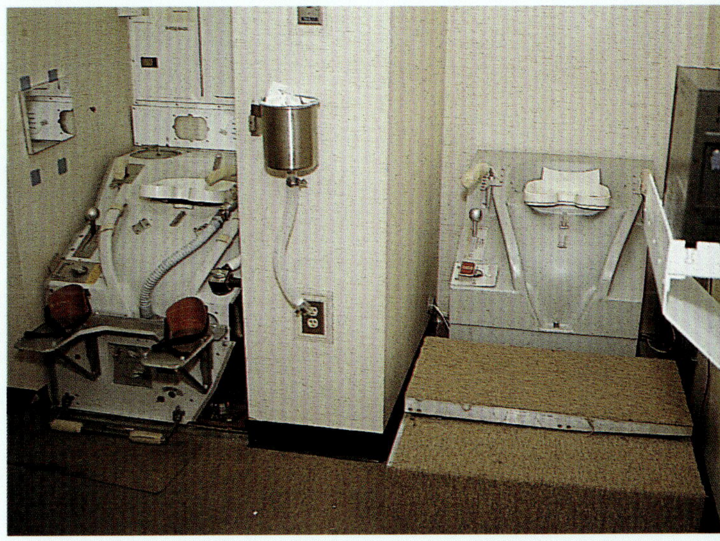

Der Toiletten-Trainingsraum bei NASA/Houston mit der Oridinal-Shuttle-Toilette (links) und der Trockentrainingseinrichtung (rechts).

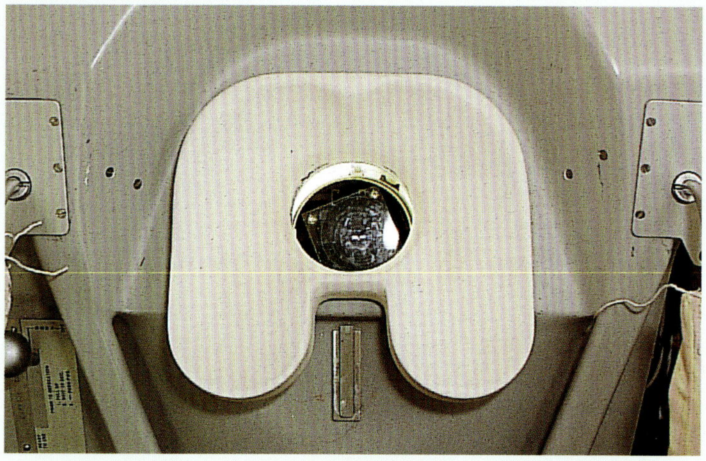

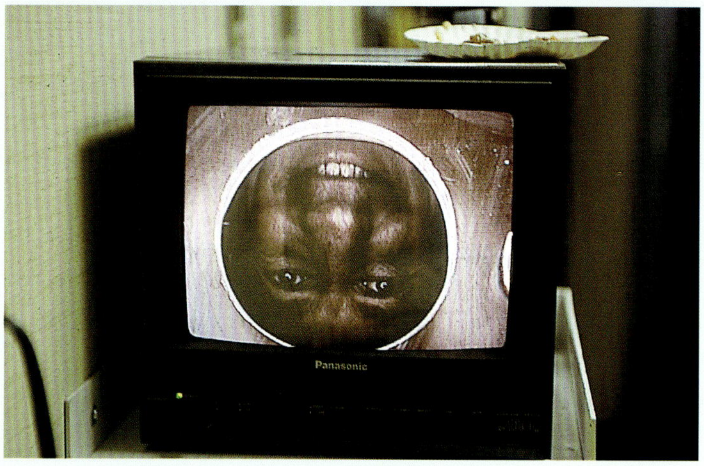

Die „Zentrierung" kann über eine im Schacht befindliche Videokamera (mit Beleuchtung!) auf dem Monitor überprüft werden. Mein Kollege Tom Henricks war mir bei der „Beweisführung" der Funktionstüchtigkeit der Anlage behilflich.

Nun wird jedoch nicht wie bei einer Sicherheitserläuterungen im Flugzeug per Video gezeigt, wie man es machen soll, sondern im Schacht – und ob dieser genialen Lösung gebührt der NASA eigentlich große Anerkennung – ist eine Videokamera angebracht!

Nach diesem kleinen Ausflug in die weniger bekannten Flugvorbereitungen zurück ins Shuttle. Da der Kaffee und das Rührei noch nicht warm sind, kann ich nach dem Händewaschen gleich die Morgenwäsche anschließen. Direkt gegenüber der Toilette, an der Seitenwand der Küche, hängt an einem Schlauch die Spritzpistole für Wasser. Ich hole mir ein neues Handtuch und die Tube mit Flüssigseife, feuchte das Handtuch mit der Pistole an und reibe etwas Seife hinein. Damit wische ich mir den gesamten Körper ab, bis ich mich wieder frisch fühle. Das gebrauchte Handtuch stecke ich an jeder Ecke in Halter auf der Innenseite der Toilettentür, sodass das Tuch neben all den andern leicht aufgespannt ist und trocknen kann. Dafür hole ich mir noch ein neues Tuch und trockne damit den Körper wieder gründlich ab. Das war's! Das Haarewaschen geht fast genauso: Wasser in die Haare spritzen, Shampoo darauf, durchmassieren, mit einem trockenen Handtuch wieder ausreiben, frisches Wasser auf die Haare, wieder abreiben ... bis die Haare sauber und trocken sind.

Die Kosmonauten auf der MIR-Station verfahren übrigens nach derselben bewährten Methode. Früher gab es auf MIR auch eine Dusche, die von den Kosmonauten allerdings kaum benutzt wurde, weil sie zu umständlich war. In einer Hand die Brause und in der anderen den Sauger, damit man in der Wasserschicht, die sich dabei langsam um den Körper bildet, nicht ertrinkt! Beide Hände voll, wie soll man sich dabei richtig festhalten und nicht wegdriften?

Als Letztes die Zähne putzen und rasieren. Also, Zahncreme auf die Zahnbürste und wie gewohnt bürsten. Und wohin damit? Da gibt es zwei Methoden. Die einen schlucken einfach hinunter (Es ist alles nur eine Sache der Gewohnheit.) oder man spuckt in das bereits feuchte Handtuch. Für das Rasieren gibt es ausschließlich Trockenrasierer an Bord. Jeder Astronaut hat seinen eigenen und der reicht ohne Säubern – was man tunlichst unterlassen sollte – spielend für einen Shuttleflug.

Das Frühstück ist fertig. Ich hole Kaffee und Rührei aus dem Ofen, nehme meine Schere aus dem Besteckbeutel, den jeder stets bei sich führt, und schneide die Abdeckfolie des Schälchens kreuzweise auf, wodurch Laschen entstehen, die das Rührei bei vorsichtiger Handhabung weiterhin im Schälchen halten. Mit der Gabel fahre ich unter die Laschen, steche das Rührei auf und kann es so zusammen mit dem Kaffee, den ich über einen Plastikstrohhalm aussauge, genießen.

Der Yoghurt zum Abschluss befindet sich in einer kleinen Aluminiumdose, die man einfach aufreißt, und danach isst man den Yoghurt mit einem Löffel. Genau genommen sollten die Astronauten zum Essen ein Tablett benutzen, mit Aussparungen für die diversen Verpackungen und einem Magnethalter für das Besteck, so stellt sich die NASA jedenfalls einen manierlichen Astronauten vor. Aber das ist zu unpraktisch – es gibt Besseres: Weil auch die Vorderseite der Hose der Astronauten mit Klettverschlussstreifen benäht ist, kann man sich das ganze Frühstück dort anheften, schwebt auf das Flugdeck in einen der beiden Pilotensitze, heftet das Frühstück an die Panels und genießt beim Blick auf die Erde!

Wie das geht? Alles, was feucht ist, klebt auch. Wenn man also mit dem Löffel in die Dose hineinfährt, liegt der Yoghurt nicht auf dem Löffel, sondern er hängt. Man muss nur entsprechend vorsichtig sein. Genauso kann man übrigens auch Suppen essen! Man fährt mit dem Löffel unter die Laschen des Schälchens und alles, was am Löffel hängen bleibt – und da macht es keinen Unterschied ob in der Löffelmulde oder unter dem Löffel –, kann in den Mund geschoben werden. Aber Achtung, den Löffel nicht schnell bewegen!

Wie man sieht, macht das Essen im Weltraum keine Probleme. Im Gegenteil, es macht sogar Spaß, weil man die Speisen und die Flüssigkeit nicht immer zum Mund führen muss, sondern zunächst vor sich herschweben lassen kann, bis man ausreichend animiert ist, sich dem Genuss hinzugeben.

Aber Achtung! Das geht nur im Middeck. Auf den Pilotensitzen ist das strengstens untersagt. Findet der Commander Spaghettisoße irgendwo auf den Panels, dann gibt es dort Essverbot für den Rest des Fluges!

Eine Besonderheit des Weltraums und zugleich ein auffallendes Problem ist die spätere Entlüftung. Hier auf der Erde sucht sich wegen der Schwerkraft die mit dem Essen und vor allem Trinken hinuntergeschluckte Luft immer den Weg nach oben. In der Schwerelosigkeit kann sich die Luft im Magen nicht vom Essen trennen, und damit bleibt der Luft eigentlich nur noch der Weg zum anderen Ausgang. Das funktioniert sehr gut, und weil sich dem keiner entziehen kann, ist es auch gemeinhin akzeptiert!

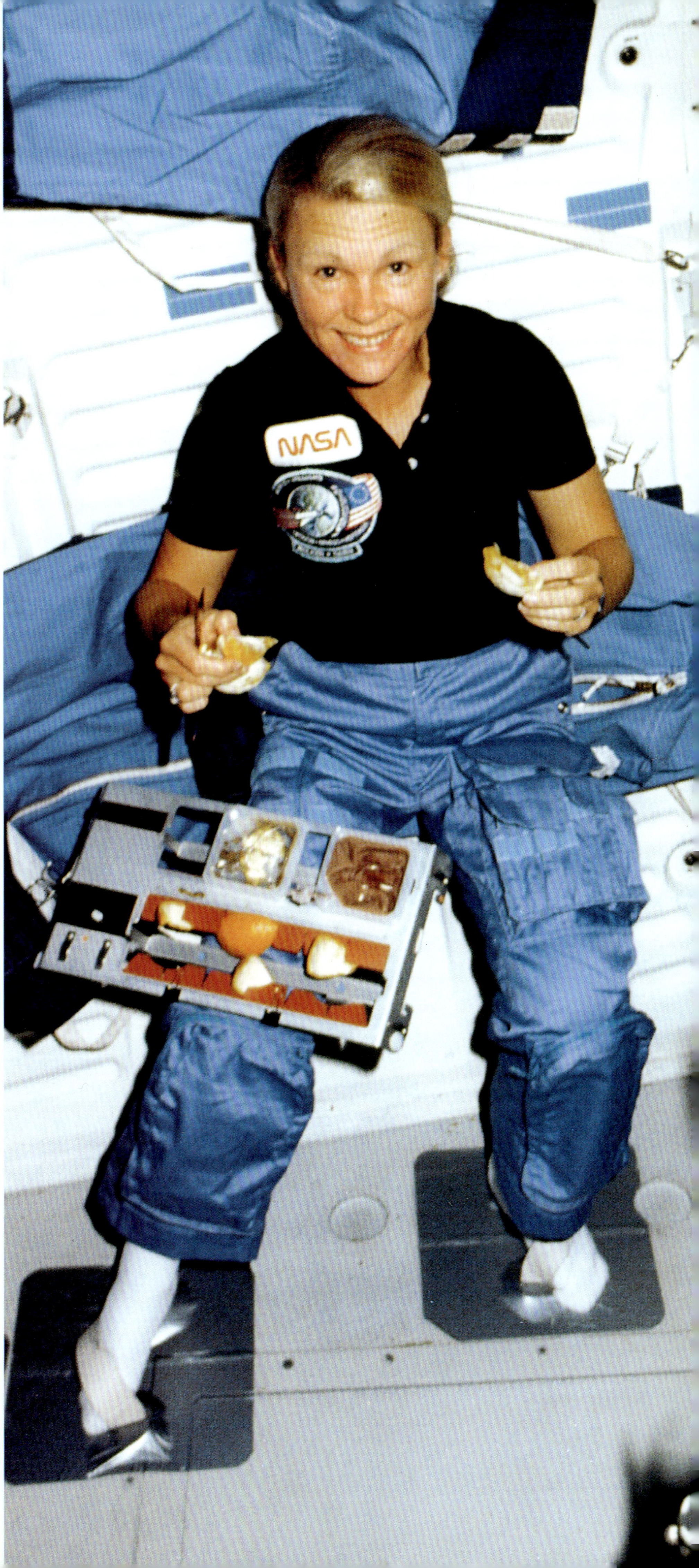

Astronautin Rhea Sheddon demonstriert die Ess-Sitten nach NASA-Vorstellungen. Einen Esstisch gibt es an Bord des Shuttles nicht.

Sicher gelandet!

Heute ist bereits der zehnte Tag im All. Wir haben gestern erfahren, dass die Mission um einen Tag verlängert wurde, weil wir so sparsam mit unseren Energievorräten umgegangen sind. Eine wirklich wunderbare Nachricht! Leider hatten wir die so herausgearbeitete Zeit nicht nur für uns, sondern sie war, wie bisher, hauptsächlich den Experimenten gewidmet. Trotzdem, ich habe ihn genossen! Doch in wenigen Stunden geht es zurück zur Erde. Ich räume also das Raumlabor auf und denke dabei daran, unbedingt noch einmal aufs Flugdeck zu gehen, die Augen weit zu öffnen, um sie dann, wie bei einem Schnappschuss plötzlich zu schließen, damit dieser Anblick auch ja nicht in Vergessenheit geraten möge.

Weil alle Tätigkeiten in der Schwerelosigkeit sehr viel mehr Zeit in Anspruch nehmen als auf der Erde, beginnen die Vorbereitungen der Rückkehr frühzeitig. Alles muss wieder sorgfältig verstaut und gesichert werden. Zu guter Letzt werden die druckfesten Raumanzüge wieder hervorgeholt und man hilft sich gegenseitig beim Anziehen. Ohne Hilfe eines Kollegen würde man dabei hilflos durch die Gegend trudeln. Die lästige Halsmanschette lässt auch prompt wieder den Druck im Kopf, den man fast vergessen hatte, ansteigen. Ein Griff an den Gummizügen und dann zum Nasenspray mildern diese Unannehmlichkeit wieder auf ein erträgliches Maß ab.

Ich begebe mich zu meinem Sitz, den ich zuvor wieder an seiner angestammten Stelle aufgebaut und im Boden arretiert habe und bereite mich für den Wiedereintritt in die Erdschwere vor. Schließlich sitze ich wieder angeschnallt im Sitz und lese, wie beim Start, die Checkliste durch, insbesondere die Cue-Card, für den Notfall. Das gibt mir die Beruhigung, dass man alles fest im Griff hat. Zum Schluss noch eine Vorsichtsmaßnahme: Damit beim ersten Aufstehen nach der Landung der Kreislauf nicht gleich zusammenbricht, sind die Astronauten angehalten, die Flüssigkeitsmenge im Körper stark zu erhöhen. Dafür müssen mehrere Salztabletten geschluckt und jede Menge Wasser nachgetrunken werden. Das Salz bindet das Wasser im Körper und lässt es nicht gleich wieder von der Niere ausscheiden. Auf jeden Fall ist diese Prozedur wesentlich angenehmer als mehrere Liter Salzwasser zu trinken.

Commander Steve Nagel und Pilot Tom Henricks in ihren Raumanzügen sind bereit, das Shuttle zurück in die Erdatmosphäre zu bringen.

Wir sind nun fertig für den Wiedereintritt in die Erdatmosphäre. Erst jetzt erfahren wir, dass das Wetter am Kennedy Space Center voraussichtlich doch keine sichere Landung zulässt. Kein Problem, meint Houston. Wir sollten es uns für 80 Minuten gemütlich machen, noch einmal um die Erde fliegen und dafür auf der Edwards Air Force Base in Kalifornien landen, dort sei schließlich immer bestes Landewetter. Also gut, uns soll es egal sein, nur die Familie wartet zur Rückkehr am falschen Ausgang. Wir werden uns dann erst in Houston wieder treffen.

Dieses Bahnmanöver ist vollkommen unkritisch, da das Shuttle mit „nur" 28 000 km/h kreisförmig um die Erde fliegt. Die Situation war ganz anders bei den Apolloflügen, wo die Rückkehrkapsel mit fast 41 000 km/h, also mit mehr als doppelter Energie wie in einer Erdumlaufbahn, auf einer lang gestreckten Bahn vom Mond kommend tangential, also streifend auf die Erde traf. Wegen der dünnen Atmosphärenschicht (20 km) musste damals ein bestimmter, sehr schmaler Höhenbereich (Eintrittskorridor, etwa 10 km Breite) für das Eindringen in die Erdatmosphäre getroffen werden. Bei zu großer Einfallshöhe wäre die Kapsel von der Atmosphäre nicht eingefangen worden und an der Erde vorbeigeschossen, bei zu geringer Einfallshöhe wäre die Abbremsung zu schnell erfolgt und somit die g-Belastungen für die Astronauten zu hoch (über 10 g) und die Kapsel thermisch überlastet worden, also verglüht.

75 Minuten oder eine halbe Erdumkreisung vor der Landung dreht der Commander zunächst das Shuttle so, dass es mit dem Schwanz vorausfliegt. Für uns ist dies vollkommen belanglos, ja, man merkt es nicht einmal, da es in der Schwerelosigkeit kein Oben und Unten gibt. Exakt eine Stunde vor der Landung werden die Orbitantriebe gegen die Flugrichtung für drei Minuten gezündet, wobei die Orbitgeschwindigkeit um lediglich 300 km/h verringert wird: Statt 28 000 km/h fliegen wir jetzt also nur noch 27 700 km/h schnell. Diese scheinbar belanglose Änderung reicht jedoch aus, um das Shuttle auf einer leicht elliptischen Umlaufbahn in tiefere Schichten der Erdatmosphäre zu bringen. Zwischenzeitlich hat der Commander das Shuttle wieder in die reguläre Fluglage gebracht und mit 35 Grad gegen die Flugrichtung angestellt. Das Shuttle verliert dabei zunehmend an Höhe und der Bordcomputer steuert in dieser Phase des Anfluges das Shuttle so, dass die Geschwindigkeit über die nächste halbe Stunde konstant 27 700 km/h bleiben wird. Der Luftwiderstand in diesen Höhen wird also ausschließlich dazu genutzt, die Flughöhe bei konstanter Geschwindigkeit abzubauen. Von dieser Anflugphase merkt man noch nicht viel. Die Luftwiderstandskräfte bleiben so gering, dass auch die entsprechenden Schwerekräfte noch unter 0,2 g bleiben, und da man mit den Gurten fest in den Sitz eingespannt ist, sind diese schwachen Kräfte noch nicht spürbar. Lediglich ein leicht zur Decke geworfener Gegenstand, zum Beispiel ein Kugelschreiber, lässt erkennen, wie tief man bereits in die Atmosphäre eingetaucht ist. Stößt er nicht mehr an die Decke, sondern kehrt er vorher seine Flugbahn langsam um, dann weiß man, es geht bergab.

Beim Wiedereintritt in die Erdatmosphäre wirkt der Luftwiderstand als äußere Kraft auf das Shuttle ein und überführt so mit abnehmender Höhe das Shuttle samt Astronauten langsam wieder in die Erdschwere. Genaueres im Special „Warum ist man im All schwerelos?" (Seite 66).

Noch 25 Minuten bis zum Touchdown. Die Luftreibungskräfte haben stark zugenommen und bringen die Kacheln auf der Unterseite des Shuttle bei 1500 °C zum Glühen. Dabei wird die Luft so stark ionisiert, dass auch der Funkverkehr bis auf Weiteres abbricht. Vom Temperaturanstieg merkt man im Anzug kaum etwas. Man schwitzt vielleicht vor Aufregung, weil nun das Shuttle deutlich schüttelt. Die Luftdichte ist in dieser Höhe von 120 Kilometern so weit angestiegen, dass sich das Shuttle aerodynamisch verhält und die Schwerkräfte so stark zugenommen haben, dass der Anti-g-Anzug aufgeblasen werden muss. Dies ist der Zeitpunkt, wo der Commander die Steuerung des Shuttles übernimmt. Von diesem Punkt an reduziert er auch die Geschwindigkeit des Shuttles durch verschiedene Roll- und Kurvenmanöver.

Der Anti-g-Anzug schützt durch den Druck von Luftpolstern auf Beine und Eingeweide vor einem Versacken des Blutes in den Unterkörper, und damit vor einer Blutunterversorgung, also einem Black-out des Gehirns.

12 Minuten vor dem Touchdown hat sich die Hitze an den Kacheln so weit verringert, dass der Funkverkehr wieder einsetzt. Das Shuttle ist jetzt in einer Höhe von 55 Kilometern und bei einer Geschwindigkeit von 12 000 km/h noch 900 Kilometer von der Landebahn der Edwards Air Force Base ent-

fernt. Ich habe meinen Anti-g-Anzug nochmals kräftig aufgeblasen, weil die g-Belastung auf 1,3 g zugenommen hat. Das ist nach der Schwerelosigkeit im Weltall ungewohnt anstrengend. Man hört, wie die Ansagen des Commanders immer gepresster hervorstoßen, also auch er gegen die körperliche Schwäche ankämpft, und ich bin froh, dass ich sitze und mein Gewicht nicht im Stehen halten muss.

Noch 5 Minuten. Jetzt beginnt der eigentliche Anflug auf die Landebahn. Das Shuttle schießt in 25 Kilometer Entfernung und mit einer Geschwindigkeit von Mach 2,5 im schrägen Gegenanflug auf die Landebahn zu, führt dann ein vorher genau festgelegtes Kurvenmanöver durch, das es exakt auf die Richtung der Landebahn bringt. Der Commander braucht jetzt nur noch den Anstellwinkel des Shuttles so einzustellen, dass es im Gleitwinkel von 22°, für einen Piloten fast wie ein Stein, in Richtung Aufsetzpunkt fliegt. Die Geschwindigkeit hat sich weiter auf 700 km/h reduziert. 30 Sekunden vor dem Aufsetzen zieht der Commander die Nase des Shuttles nach oben, was den Gleitwinkel auf 1,5° reduziert und die Geschwindigkeit auf die Landegeschwindigkeit herabsetzt. Erst 15 Sekunden vor der Landung wird das Fahrwerk ausgefahren, weil die bisherige hohe Geschwindigkeit das Fahrwerk hätte abreißen können. Mit ziemlich genau 400 km/h setzt das Shuttle schließlich auf: **Touchdown.**

Der Commander verringert durch die Kurvenmanöver die hohe Fluggeschwindigkeit des Shuttles.

Vom Aufsetzen hat man jedoch kaum etwas mitbekommen, so sanft hat der Commander das Shuttle gelandet. Nur durch das Herunterzählen der Höhe des Piloten war man im Bilde, wie weit es noch genau bis zum Aufsetzen ist. Der Commander hält die Nase des Shuttles jetzt nach dem Aufsetzen noch lange in den Fahrtwind, damit das Shuttle weiter an Fahrt verliert. Wenn das vordere Fahrwerk schließlich den Boden berührt, wird der Bremsfallschirm ausgefahren, dessen effektive Abbremsung des Shuttles man im Shuttle deutlich spürt. Genau eine Minute nach dem Aufsetzen ist das Shuttle zum Stillstand gekommen. Ich lehne mich entspannt zurück und weiß: **Die Erde hat uns wieder!**

Es dauert jetzt noch etwa 20 Minuten, bis die Seitenluke von außen geöffnet wird. Techniker haben vorher mit Schnüffelgeräten das Shuttle auf Hydrazin-Rückstände abgesucht. Dieses hochgiftige Gas wird als Treibstoff bei bestimmten Triebwerkdüsen des Shuttles verwandt. Erst wenn die „Luft rein" ist, fährt das geräumige CTV, das Crew Transfer Vehicle, zur Seitenluke vor, nimmt die Astronauten auf und bringt uns als Erstes in die medizinischen Untersuchungsräume gleich in der Nähe des Rollfeldes, wo die Ärzte genauestens wissen wollen, wie man den Flug überstanden hat.

Nach genau 10 Tagen D-2 Mission setzt die Columbia auf der Landebahn der Edwards Air Force Base in Kalifornien auf.

Das Shuttle wird für den Rückflug auf dem Rücken einer speziellen B747 nach Florida vorbereitet.

Zu guter Letzt

Als Deutscher wie auch als Amerikaner sind Astronauten Angestellte im öffentlichen Dienst und machen nach ihrer Mission anständigerweise eine Reisekostenabrechnung. Ja, genau, eine Reisekostenabrechnung! Das muss jeder Astronaut. Die Formulare, die man dazu benutzt, sind übrigens genau die gleichen, wie die zu jeder anderen Reise auch. Leider durften bei der D-2 Mission wir als Deutsche nicht mehr nach den Regeln des öffentlichen Dienstes in Deutschland, dem so genannten BAT, abrechnen (offiziell war es ja eine deutsche Mission), wie damals die deutschen Astronauten der D1-Mission (Nov./Dez 1985), denn da gibt es Kilometergeld (Das läppert sich ganz schön bei den 6,7 Millionen Flugkilometern) und Tagegeld.

In diesem Punkt, dem Tagegeld, ist das BAT ganz penibel. Das BAT legt einen Reisetag genau fest als die Zeit zwischen zwei Sonnenaufgängen (!). In der Erdumlaufbahn beträgt aber die Zeit zwischen zwei Sonnenaufgängen nur 90 Minuten. Das macht während der 10 Erdtage, die wir im Erdorbit unterwegs waren, summa summarum 160 Reisetage! Diese Reiseabrechnung hätte sich gelohnt!

Wir mussten alle nach NASA-Standard abrechnen. Zunächst, im Reiseantrag, der vor der Reise abgezeichnet werden musste – sonst hätten wir nicht fliegen dürfen! –, und in der Abrechnung steht ganz präzise: „Reiseroute: Von Houston, Texas, nach KSC, Florida, (Das ist die Anreise zum Kennedy Space Center) Erdorbit, KSC, Florida und zurück nach Houston, Texas. Abweichungen von dieser Reiseroute aus dienstlichen Gründen sind zugelassen." Dann die Abrechnung. Die NASA hat Erfahrung mit solchen Reiseabrechnungen. Reisekosten? Kilometergeld? Flug und Verpflegung wurde schließlich von der NASA gestellt! Also nichts, und auch kein Tagegeld. Schließlich bleibt doch etwas übrig: 34 Dollar (!), das Tagegeld für die An- und Abreise nach Kennedy Space Center als Scheck von der NASA. Dieser Scheck, den ich noch heute verwahre, ist das i-Tüpfelchen auf meine Mission! Darüber hinaus habe ich keine weiteren finanziellen Zuwendungen erhalten und das gilt auch für alle anderen deutschen Astronauten.

Diese Ausnahmegenehmigung ist ein ganz wichtiger Punkt, den sonst hätten wir bei dem schlechtem Wetter in Florida gar nicht auf der Edwards Air Force Base landen dürfen!

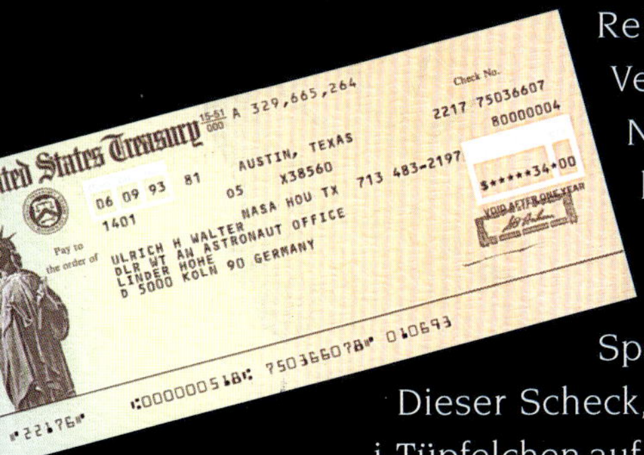

Noch ein Wort zur Abrechnung bei der D1-Mission. Nach den Erzählungen meiner Kollegen auf der D1-Mission (Dr. Reinhard Furrer und Dr. Ernst Messerschmidt) gab es natürlich Schwierigkeiten bei der Abrechnung mit dem BAT. Die Regeln des BAT sind zwar ganz klar festgelegt, aber bei den Summen, die dabei herauskamen, hatte die Verwaltung Schwierigkeiten. Dazu kam, dass die Astronauten eklatant gegen die Reisebestimmungen verstoßen hatten! In ihrem Antrag stand nämlich: „Abreiseort KSC/ Florida, Ankunftsort: Edwards Air Force Base/Kalifornien." Das deutsche Reisekostengesetz verlangt nun ausdrücklich, dass zwischen Abreiseort und Ankunftsort der kürzeste Weg zu wählen ist. Der beträgt zwischen den beiden Orten circa 3500 Kilometer. Warum also dieser Umweg von 6,6965 Millionen Kilometern? Da keine dem BAT entsprechende Begründung geliefert werden konnte und wegen der exorbitanten Höhe der Rückerstattung, sah sich die Verwaltung außer Stande, die Reisekostenabrechnung zu bearbeiten. Sie wurde „wie eine heiße Kartoffel" (Originalton Furrer) der übergeordneten Stelle, dem Bundesministerium für Forschung und Technologie, zur Entscheidung weitergereicht. Dort gelten natürlich die gleichen Reisekostengesetze und so gab es auch dort Probleme ... bis eines Tages ein hoher Beamter eine salomonische Lösung fand. Seine Frage war: „Wie oft wird ein solcher außergewöhnlicher Fall noch vorkommen?" Antwort: „Dieser Fall ist sicherlich einmalig, vielleicht zweimalig". Also braucht deswegen das BAT nicht geändert werden. Der Sonderfall erfuhr eine Sonderlösung – der Flug wurde mit einem Pauschalbetrag abgegolten.

Nordamerika

USA, Virginia,
Chesapeake Bay Area
bei der Delvama Insel,
Meeresströmungen
(rechts Norden)

USA, Massachusetts, Cape Cod

USA

Die Neue Welt spiegelt sich wider in den Wahrzeichen der Zivilisation, den Städten. Wo sich früher die Alte Welt durch Jahrhunderte langsamen Wachstums den natürlichen Gegebenheiten der Umwelt anpasste, anpassen musste, zwingt der Mensch der Neuzeit der Natur seine Ultima Ratio, das Planquadrat, auf. Städte wie Schachbretter. Aufgehängt im Spinnennetz der sie verbindenden Highways, wirken die menschlichen Brandmale tagsüber wie Geschwüre und verleihen ihnen nachts einen scheinbar nie verlöschenden Lichterglanz, der das unübersehbare Sein des Menschen in das Weltall hinausschreit.

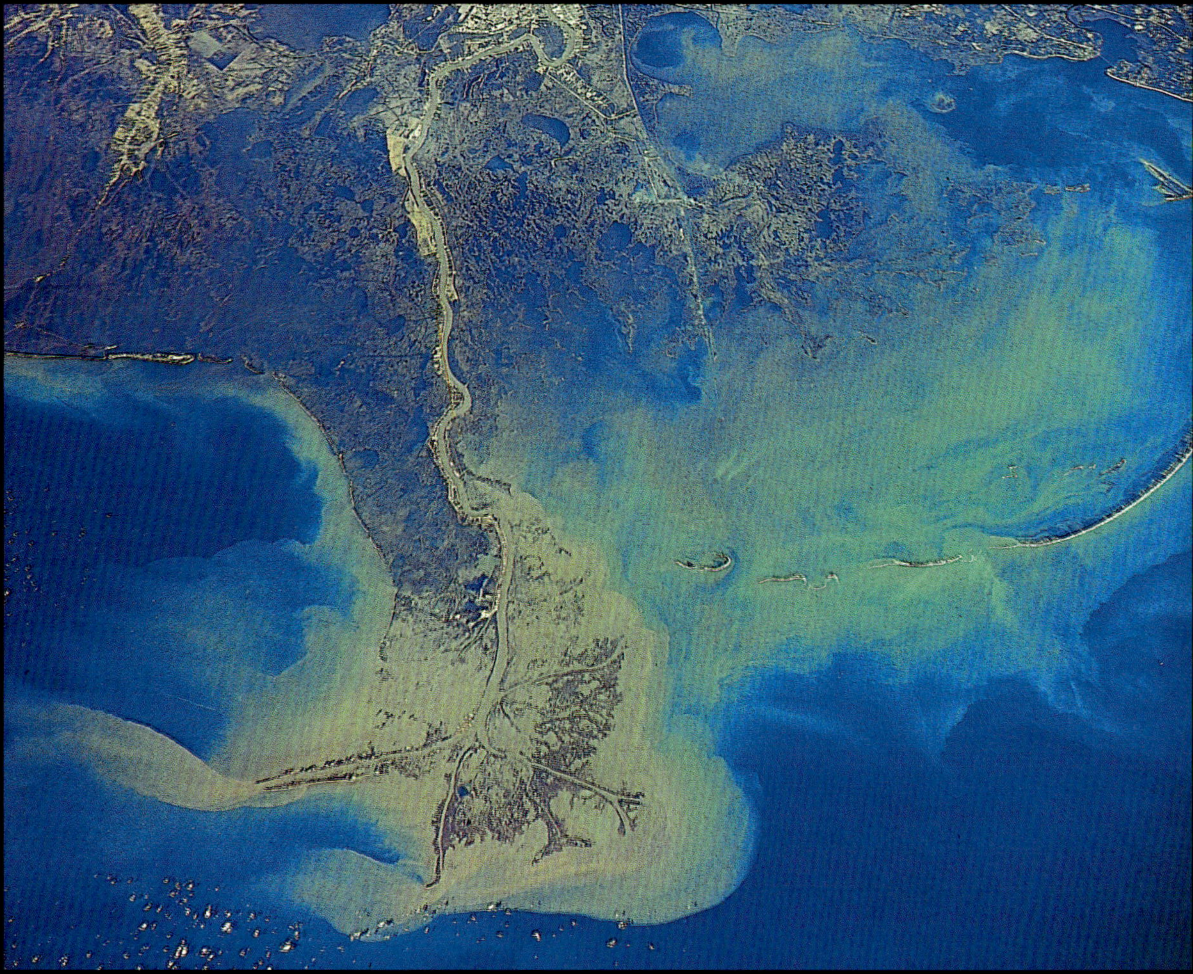

USA, Louisiana, New Orleans und Mississippi Delta im Infrarot

USA, Florida, Bucht von Tampa mit Tampa und St.Petersburg

USA, Florida, John F. Kennedy Space Center

USA, Kalifornien,
San Francisco, Bay Area

USA, Kalifornien,
Sierra Nevada und
Mono Lake

USA, Utah, Colorado
und Green River am
Arches National Park

USA, Utah,
Großer Salzsee
(eine Bahnlinie teilt den
See in zwei Hälften)

Bahamas,
Die mittleren Bahamas
mit Andros Insel

Bahamas,
Abaco Inseln und die
Korallenriffe der
Kleinen Bahamabank

Karibik

Die verschwenderische Pracht der Karibik ist tiefer gehend. Es sind nicht die Inseln selbst mit ihrem oberflächlichen Braungrün, sondern es ist vielmehr die Unterwasserwelt der Korallenriffe zwischen den Inseln, die mit marmorierten Blautönen und verspielten, geschwungenen Formen in unendlich vielen Variationen diesem Teil der Erde ihren besonderen Reiz verleiht.

Turks & Caicos Inseln
(England), Nord Caicos
und Große Caicos Insel

Nicaragua,
Vulkanausbruch südlich
Managuas am 9.11.1984

Der Kampf des Menschen mit der Macht der Natur: Eine sich entwickelnde Zivilisation schmiegt sich den Formen der Berge an.

Mittelamerika

Noch prägt die Natur die Landschaft, nach der sich der Mensch zu richten hat; die trockenkahlen Gebiete der Baja California und der Sierra Madre, die allmählich übergehen in die subtropischen, alles überwuchernden Wälder Yucatans und der weiter südlich gelegenen Landesteile. Doch der erste unverrückbare Pfahl, zugleich Symbol unnachgiebigen Lebenswillens, ist geschlagen: Mexiko City.

Mexiko, Colorado-Delta
im Golf von Kalifornien

Mexiko, Colima Vulkan
mit der Stadt Guzman
(oben Mitte) im Infrarot

Südamerika

Bolivien, kleine Seen und Salare in den Anden

bol eines ganzen Kontinents. Die unerbittliche Hitze der Sonne bringt den scheinbar endlosen Regenwald zum Schwitzen. Überall kleine Blumenkohlwölkchen, die die Schwüle und Turbulenzen der Urwaldatmosphäre verraten und sich zusammen als eine löchrige und zerfranste Wolkendecke über die Land-

Brasilien, Rondonia, Rodungen am Rio Jamari an der Transamazonica

schaft legen. Wie in einer filigranen Intarsienarbeit aus der Wolkendecke herausgestanzt, die mäandernden Flüsse und den Regenwald wie ein Blutadersystem durchziehend. Die Hauptschlagader ist zweifellos, auch optisch, der ewig brauntrübe Amazonas, gespeist am Unterlauf von fast schwarzen Nebenflüssen.

Brasilien,
Zusammenfluss von
Amazonas (braun) und
Rio Negro (schwarz)
bei Manaus

Paraguay,
Rodungen und Felder
im Amazonasbecken

Und dann, wie Termitenfraß, die ersten Spuren des Menschen. Schmale, meist gradlinige Schneisen durch den schwitzenden Moloch. Das Netz von Schnitten führt zur offenen Wunde und gerinnt, langsam, aber unaufhörlich, hier und überall am Rande des scheinbar Unverwundbaren.

Die Anden

dehntes Hochgebirge fast ohne Schnee und Eis. Nur die Spitzen der höchsten Berge setzen weiße Farbtupfer auf das karge, aber immer wieder variierende Braun der tiefer gelegenen Bereiche. Und mittendrin die Hochebene der Anden mit dem Titicacasee – die Katze, die die Maus jagt, so nennen ihn die Astronauten wegen seiner entsprechend unverwechselbaren Umrisse - dem salzreichen Pooposee und der trockenen Uyuni-Salzebene. Wie im Stakkato wechseln die Farben der blau-grün-grauen Salzseen mit dem Weiß der Salzablagerungen und dem sich stets verändernden Braun der Hochebene. Und am Rande der Hochebene, in einer Bergnische versteckt, sozusagen unter den Vordertatzen der Katze, La Paz, die Hauptstadt Boliviens.

Bolivien, Uyuni Salzpfanne und Poopo See in den Anden

Chile, Atacama Wüste bei Iquique

Peru, Titicaca See in den Anden mit Pazifik im Hintergrund

Chile/Süd,
Gletscher am
Golf von Penas

Europa

Atlantik, Mittelmeer und
die Straße von Gibraltar

Mittelmeer

Am Tropf der Straße von Gibraltar hängend, über den es von seinem großen Bruder, dem Atlantik, stetig mit frischem, salzärmerem Meerwasser versorgt wird, lebt das Mittelmeer in einer eigenartig abgeschiedenen Symbiose mit dem es umgebenden Land. Die Küste bildet keine klare Trennlinie zwischen Land und Meer wie bei den Weltmeeren, sondern Land- und Wasserflächen haben etwa gleiche

Mittleres Mittelmeer mit Sizilien

Kanarische Inseln

Dimensionen und verschränken sich ineinander in verwundenen Formen.
Hier bohrt sich eine ausgestreckte Landzunge (Italien) wie eine Wurzel tief ins Meerreich, dort haben sich Wasser und Land zu einer wirren organischen Einheit ineinander verzahnt (Peloponnes, Ägäis, westtürkische Küste) und überall verstreut liegen Insel, größere und kleinere. Das Meer prägt die Landschaft und das Land formt das Meer.

Griechenland
mit Peloponnes

Griechenland, Halbinsel
Attika mit Athen

Die Alpen

So begrenzt und klein wie ihre Schwestern, die Pyrenäen und der Kaukasus, und zugleich schön wie ein Juwel, haben sie einen besonderen Platz im Puppenhaus Europa. Sie trennen den eher strahlenden Mittelmeerraum vom etwas trostloseren und stets wolkenverschleierten nördlichen Europa. Relativ scharf abgegrenzt, insbesondere gen Norden, nur die Poebene umarmend, scheint es, als wollten sie mit der übrigen Welt nichts zu tun haben und bilden so einen Mikrokosmos für sich. Im Sommer stets fein hergerichtet mit einer weißen Haube, präsentieren sie sich in der Übergangsjahreszeit wie eine weiße Noppendecke mit den tief eingeschnittenen grünen Tälern als schmückende Nähte.

Mittlere Alpen, Inntal
(Mitte links)

Westliche Alpen,
Rhônetal, Genfer See

Nord- und Osteuropa

Das andere Beispiel der astronautischen Regel: Hier in der Mitte Europas lebt der Mensch, hier ist die Welt eher trostlos. Keine markanten Strukturen, vielmehr alles grau in grau. Selbst das Wetter spielt mit und verwehrt, vielleicht aus Scham, vielleicht aus Diskretion, mit einer undurchsichtigen Wolkendecke das wenige, was es an Interessantem noch zu sehen gäbe. Mittendrin Deutschland, ein Land im Griff der Menschen. Kein größerer Landstrich ungenutzt. Wald, Wiesen und Felder wie ein Mosaik – im Osten gröber, bisher noch, im Westen ein bisschen dichter – alles fein säuberlich voneinander getrennt. Hier und dort verstreut die Ballungszentren. Bis ins letzte Detail, ein Leben nach Plan.

Norddeutschland, Nordsee, Jütland

Norddeutschland, Nordfriesische Inseln, Sylt

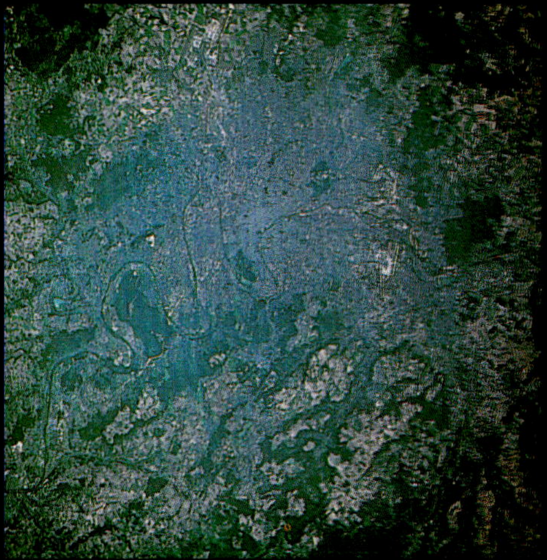

Frankreich, Paris

Holland, IJsselmeer

Turkmenistan, Kaspisches Meer, Kara-Bogaz-Gol

Russland, Kaspisches Meer, Wolga-Mündung

Russland, Aral See (unten Norden)

Afrika

Somalia,
Hafun-Halbinsel

Ägypten, Sinai-Halbinsel

Ägypten, Nil-Delta
und Suez-Kanal

Ägypten,
Nilbogen bei Luxor

Sinai

Eine Perle der Schönheit. Das Dunkel der scharf abgegrenzten Meere Mittelmeer und Rotes Meer und des dahinschlängelnden Nils mit seinem markanten trichterförmigen Delta kontrastieren in geometrischen einfachen Formen zu dem gleißenden Gelb-Weiß der Wüste. Es gibt kaum ein Gebiet der Erde, das von Astronauten öfter abgelichtet wird, als dieses strahlende Kleinod an der Grenze zwischen Afrika und Kleinasien. Allerdings, nirgendwo sonst ist die ideologische Grenze zwischen Menschen so offensichtlich wie hier: Erkennt man aus dem Weltraum überall sonstwo auf der Erde keinerlei staatliche Grenzen, hier ist eine deutlich sichtbar, die zwischen Israel und Ägypten.

Ägypten,
Nil mit Nasser-Stausee

Nil

Am Unterlauf nur ein schmaler Streifen in der Wüste, der dem Menschen als Einziges Lebensgrundlage bietet. Hier muss der Mensch mit seinem Lebensraum haushalten. Kein Wunder, dass die genaue Berechnung der Feldgröße hier im antiken Ägypten der Beginn der geometrischen Mathematik war. Darin eingelagert der Nassersee, künstlich aufgestaut, ein Halbding zwischen Fluss und See. Die unnatürliche, beinahe fraktale Form des Ufers verrät, dass es sich um ein Menschenwerk wider die Natur handelt. Weiter südlich am Oberlauf verliert er sich als Weißer Nil in der Sahel-Steppe und den Sümpfen des Sudd.

Der Kontinent

Ein Kaleidoskop von Farben und Formen: Der rötliche Atlas im Norden, das schier unendliche sandige Braun der Sahara, die Sahelzone im Übergang zum flächenmäßig eher kleinen Regenwald um den Golf von Guinea und dem Kongobecken und die trostlose Steppe südlich davon bis zur Südspitze Afrikas. Darin verteilt die immer und immer wieder fotografierten Highlights touristischer Astronauten: die reizvolle Richat-Struktur in Mauretanien, die schwarzen Lavaflecken des Tibesti-Gebirges, die grazilen Strukturen der Namib-Wüste, die Abgeschiedenheit des Tschadsees mit seinen fleckigen, scheinbar teerigen Rändern oder das unbegreifliche Rot des Natronsees. Alles in allem ein braun-gelber Kontinent geprägt von Wüsten und Steppen.

Tansania, blutroter Natron See

Sudan, Sadd-Sumpfgebiet am Zusammenfluss des Bahr el Ghazal und des Bahr el Jebel (Weißer Nil) im Infrarot

Sudan, Sadd-Sumpfgebiet am Weißen Nil im Infrarot

Senegal, Senegal-Fluss
und De Guiers See

Hier ist nahezu vollendet, was anderen Urwaldgebieten der Erde noch bevorsteht. Alle Regenwälder, bis auf wenige Reste, sind von Menschenhand beseitigt. Die Berge, unfähig die oberste Erdschicht noch zu halten, geben sie über die Flüsse ab ins Meer. Paradox ist, gerade das macht den besonderen Reiz dieser Insel aus. Der Betsiboka mit seinem filigranen Flussdelta zeigt sich mit diesen pastell-roten Ausschwemmungen wie eine wundervoll aufgehende Knospe. Fazit: Nicht alles was sich schön ansieht, ist auch natürlich und gut!

Madagaskar, Nord-Westküste, Betsiboka- und Mahajamba-Delta

Madagaskar

Madagaskar, Betsiboka-Delta (links Norden)

Somalia,
Horn von Afrika

Somalia,
Shuttle über der Spitze
des Horns von Afrika
(unten Norden)

Arabien

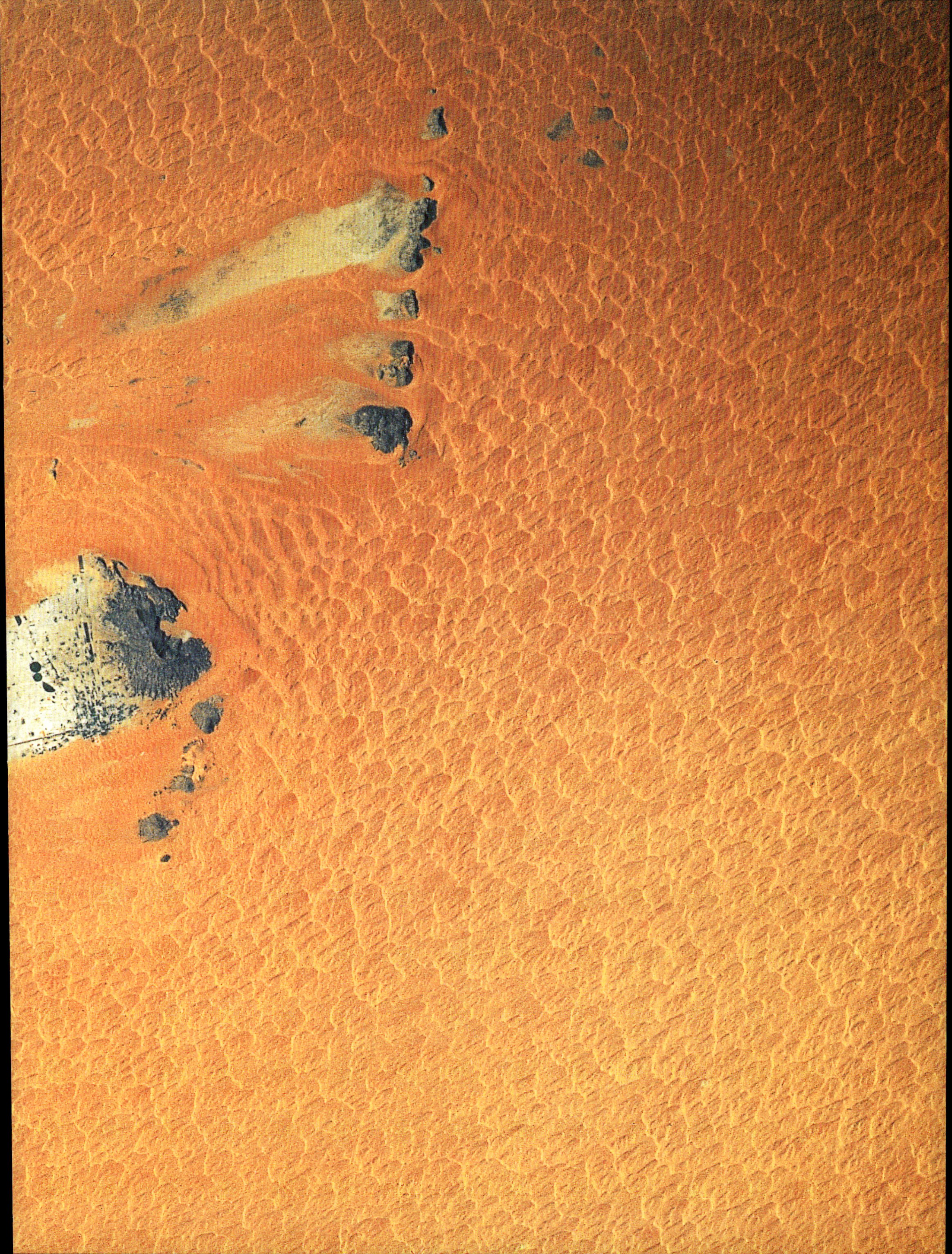

Saudi Arabien,
Rieselfelder zum
Getreideanbau in der
El Nafud Sandwüste
nördlich der Stadt Ha'il

Naher Osten

Aus dem Weltraum betrachtet begreift man sofort. Abgeschieden vom Rest der Welt sind diese tausenden und abertausenden zu größeren und kleineren Gruppen zusammengefassten kreisförmigen, wahre Symbol einer ganzen Nation. Süßwasser aus den Tiefen unterirdischer natürlicher Wasserspeicher wird hochgepumpt, verrieselt und so zum Getreideanbau genutzt. Das baldige Ende ist abzusehen.

Jemen, Flussbetten des Sarr und Amd im Hadhramout

Saudi Arabien,
Farasan-Inseln mit
Meeresströmungen

Jemen, Dschibuti,
Rotes Meer,
Straße von Mandab

Die Ölstaaten

Der Pilgerweg der Moderne ist etwas umständlich, aber er lohnt sich. Bis weit hinunter zum Kap der Guten Hoffnung, durch die enge Straße von Hormuz zu den Ladestellen im Persischen Golf. Hier wird das Öl in alle Welt verteilt. Die Gewinnung des flüssigen Goldes ist einfach: Die Wüsten, selbst das Meer, werden angestochen wie ein reifes Fass und die Ladestellen von hier aus über schnurgerade Pipelines versorgt. Nur der Geldrückfluss bleibt unsichtbar.
Bei so viel gegenseitiger Abhängigkeit lohnt es sich zu kämpfen. Zunächst die Amerikaner im Golfkrieg. Einst wie heute hinterlässt der gedemütigte Verlierer aus Schmach verbrannten Boden. April 1991, fünf kuwaitische Ölfelder stehen in Brand, deren schwere Rauchfahnen als breiter Teppich 1200 Kilometer weit in Richtung Südwesten ziehen und dabei den Tag zur Nacht machen. Die Folgen werden weit überschätzt. Weder Klima- noch Umweltkatastrophe folgen. Noch verzeiht die Natur.

Syrien, Assad Stausee mit Felderbewirtschaftung

Saudi Arabien,
Hafenstadt El Jubayl
(rechts Norden)

Kuwait, Kuwait City

Iran, Oman,
Straße von Hormuz

Kuwait, Brennendes
Ölfeld Randhatain
im Norden Kuwaits
am 16.9.1991

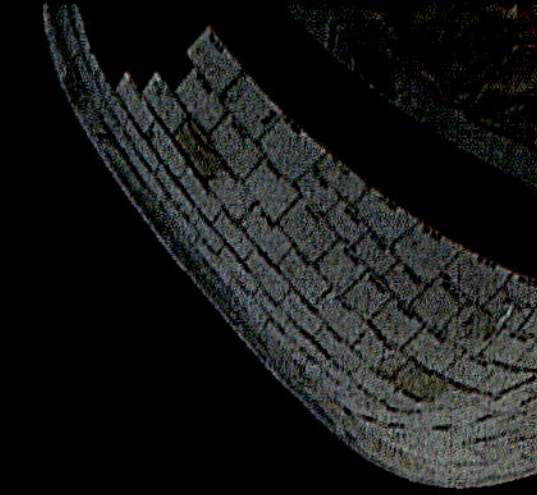

Ferner Osten

China, Tibet,
Himalaya und
Tibetanisches
Hochplateau

Kinder des Monsun

Der Monsun, Lebensspender eines ganzen Subkontinents – Indien. Aus dem Südwesten des Indischen Ozeans kommend, entlädt er seine ersehnte nasse Fracht wolkenbruchartig über Tage und Wochen. Die abzusehende Katastrophe bleibt aus. Ein eingespieltes Abflusssystem – Indus, Ganges, Brahmaputra und Irrawaddy – durchzieht das Land wie eine perfekte Drainage. Mit einem verwirrenden Geflecht von Flüssen überziehen sie ihr Sammelgebiet am Fuße des Himalaja und suchen sich in breiten, trägen Strömen den Weg zum Meer. Wieder und immer wieder verzweigen sie sich, bilden Myriaden von Flussinseln und verwischen so, fast unmerklich, die Grenze zwischen Land und Fluss. Ausgedehnte, fächerartige Mündungsdeltas, für Menschen unbewohnbar, bilden schließlich ein ungestörtes Reich, ein abgeschlossenes Ökosystem, das sich deutlich sichtbar von der Umgebung absetzt. Wasser und mitgeschwemmter Lehm verteilen sich über diesen Gießkannenkopf in den Indischen Ozean. Der Kreislauf ist geschlossen.

Burma, Flussmündung des Sittang

Indien, die Sundarbans,
Gebiet um
den Matla-Fluss

Nepal, Tibet, Gebiet um den Mt. Everest (links oben)

Vor Urzeiten als selbstständige Erdplatte aus der Gegend der Antarktis kommend, rammt sich der indische Subkontinent in den Körper Asiens und führt zu

Himalaya

einer gigantischen Aufwerfung – dem Himalaya. Seine Berge, wie Festungen zwischen zwei Welten. Im Süden das Grün der tropischen Wälder, im Norden die abgeschiedene Stille und unermessliche Weite des Hochlandes von Tibet.

Nepal, Gebiet um das Mustangtal

Dazwischen majestätisch das Dach der Welt, Sitz der Geister und Seelen im Glauben der hier ansässigen Religionen. Nirgendwo sonst wirkt die Erde erhabener, übermenschlicher und unnahbarer als hier im Reich der Achttausender. Und nirgendwo sonst ruhen die Gipfel majestätischer als im zentralen Himalaja und zeigen sich die gebieterisch strengen Strukturen der Berge und Täler plastischer, greifbarer und ergreifender als an dessen östlichem Ende.

Das Hochland von Tibet

Ein Ort wie kein anderer. Ein Erdteil in einer entrückten, statischen Welt, scheinbar ohne Zeit, in über 4000 Metern Höhe. Auf einem Gebiet mehr als dreimal so groß wie Deutschland, hunderte von Seen regellos verteilt, viele größer als der Bodensee. Nirgendwo flächiges Grün, vielmehr alles dörres, karges Land, so weit das Auge reicht. In der Wüste mag es noch Sand oder Oasen geben, hier gibt es scheinbar nichts, einfach gar nichts. Die Seen geben diesem Land sein Gesicht. Wie makellose blaue Edelsteine, bizarr geformt auf einem Silbertablett, so präsentieren sie sich dem Beobachter aus dem Weltraum.

China, Tibet, Seengebiet im Hochland von Tibet um den Zhari-Nam und Tangra-Yung See

China, Tibet,
Brahmaputra (Tsangpo)
beim Yang-Cho-Yung See
(östlicher Ausläufer links
unten)

China, Tibet,
Seling-See in der Mitte
des Hochlands von Tibet

Indochina und Indonesien

Nur drei große Gebiete tropischen Regenwaldes existieren auf dieser Erde: Das Amazonasbecken, Äquatorialafrika und eben hier. Anders als dort verteilt sich jedoch der Regenwald auf eine Vielzahl größerer und kleinerer Inseln und auf einen recht kleinen Anhang in Ostasien. Rein äußerlich alles nur dunkelgrün, falls man etwas sieht. Ansonsten, wie im Amazonasbecken, ein Leben unter einer Wolkendecke. Nur selten ist eine Stadt sichtbar.

Japan, Berg Fuji (Fujiyama) und Halbinsel Izu, rechts oben die Ausläufer von Tokyo

Burma, Sonnenreflexionen im Kaladan Mündungsdelta

Vietnam, Küstengebiet bei To Bong und Van nördlich von Nha Trang

Vietnam,
Gewitterwolken über
dem Mekong-Delta

Burma, Irrawaddy Delta

Australien und Pazifik

Australien,
Wolkenformationen
über Westküste beim
Dampier Archipel

Farbe und dieser ist
schlichtweg purpurrot!
Die unglaubliche Farbe

Australien,
West-Australien,
Shark Bay

überzieht den ganzen Kontinent. Ausnahmslos. Im Norden tendiert sie eher ins Rot-Grün. Ein Kontinent erscheint als nicht enden wollende Einöde. Naturkräfte haben sie geformt. Weiche Sanddünen in den mannigfachen Wüsten, aber auch durch strengen Wind scharf geschnittene Gebiete um Lake Eyre.

Brandrodung auf
der Melville Insel vor

Australien,
West-Australien,
80 Miles Beach

Kaum hat man diesen ungewöhnlichen Kontinent in Richtung Nordwesten verlassen, erfolgt die Überraschung: Das Große Barrier Riff. Tausende kleiner und kleinster Koralleninseln in Sandbraun und Azur sind wie frische, kleine Regentropfen in das tiefblaue Meer eingestreut. Weiche Farbtupfenmalerei à la Monet.

oben:
unbekanntes Atoll im Pazifik

unten:
Gesellschaftsinseln, Pazifik (Frankreich), Tupai-Atoll (oben), Bora Bora (Mitte) und Tahaa-Atoll (rechts)

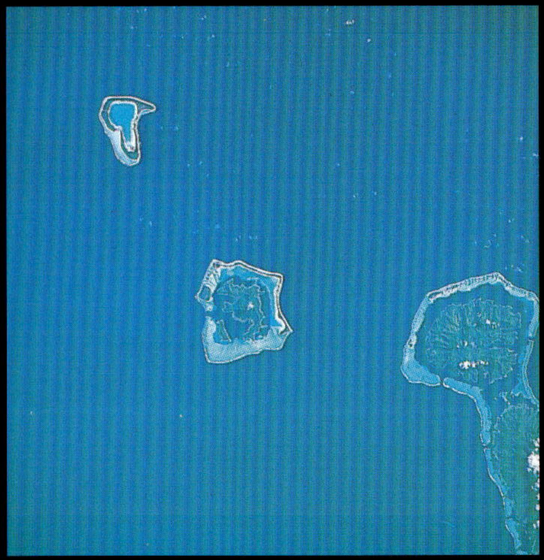

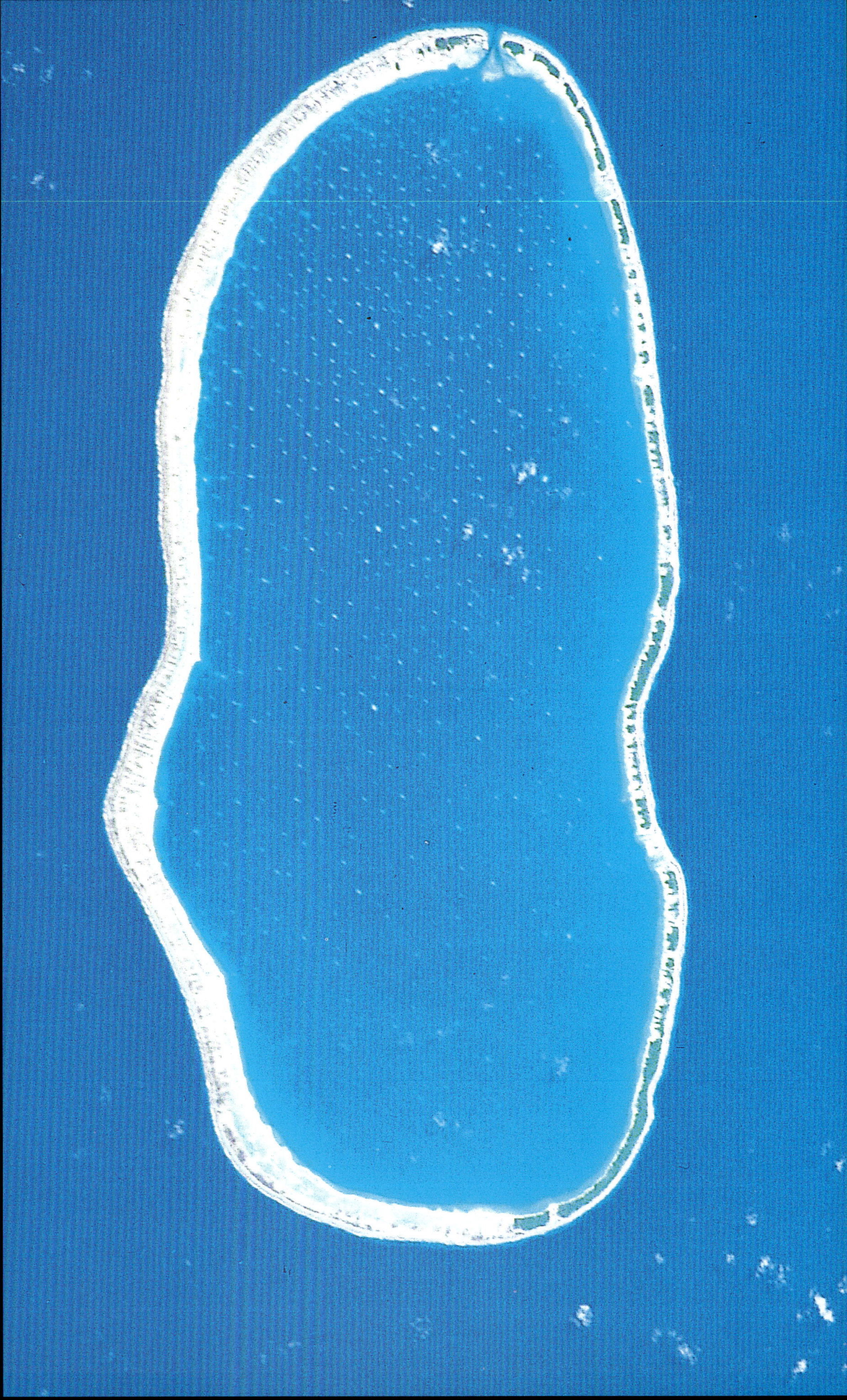

Tuamotu, Pazifik, Kaukura Atoll (rechts Norden)

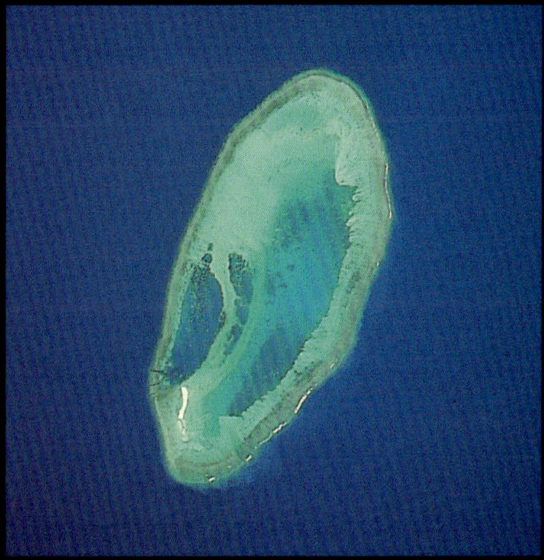

oben:
Seychellen, Insel der Cosmoldelo Gruppe

unten:
Indischer Ozean, Bedwell Insel

USA, Hawaii, Pearl- und Hermes Atoll im Pazifik

Australien, Queensland, Great Barrier Riff vor Mackay

Es folgt ein endloser Flug über den gähnend leeren Pazifik, der sich wie eine blaue Walze monoton unter einem herdreht. Wie von der Welt vergessen, hier und da die Juwelen dieses Niemandslandes – Atolle. In spielerisch geformten Ringen tauchen sie wie aus dem Nichts auf, schieben sich unter einem her und verschwinden ebenso, wie sie gekommen sind.

Pazifik, Equador,
Galapagos Inseln
(links Norden)

Hat man sich verändert?

Ja, man ist verändert, kein Zweifel!
Zunächst körperlich.

Man will nach der Landung aufstehen und fällt verblüfft wieder in den Sitz zurück. Der Körper ist wie ein nasser Sack. Es hat den Anschein, als wäre man um die Hälfte schwerer geworden. Nach der körperlichen Leichtigkeit im Weltraum muss man erst wieder lernen, den eigenen Körper zu tragen. Erst der zweite konzentrierte Versuch klappt. Ich stehe auf meinen Füßen, atme tief durch – die Sauerstoffversorgung des Gehirns funktioniert noch nicht wieder so richtig – und muss vor Anstrengung bereits zum ersten Mal kurz ausruhen, wobei ich unwillkürlich die Augen schließe. Aber, hoppla, ich muss mich festhalten, denn ich drohe umzukippen. Augen auf, und es geht wieder besser. Nein, es war kein Schwindelgefühl wegen Sauerstoffmangels. Den Effekt kenne ich von diversen Unterdruckkammertests genau. Ich kippe um, weil ich die Augen schließe! Also noch ein Test: Augen zu, der Körper wankt; Augen wieder auf ... alles wieder im Griff.

Die Macula besteht aus zwei Sinnesepithelien, die mit dem Innenohr verbunden sind. Zwei schwere Kalzitkristallsteinchen liegen auf einem Rasen aus Sinneshaaren, die, je nach Kopflage, im Schwerefeld der Erde durch deren Gewicht hin und her geschoben werden und so dem Körper die Abweichungen des Kopfes von der Senkrechten melden.

Das statische Gleichgewichtsorgan, die Macula, funktioniert nicht mehr richtig. Durch sie, zusammen mit den Signalen der Nackenmuskeln und den Druckempfindungen der Fußflächen, weiß das Gehirn, wie es die Beinmuskeln steuern muss, um den Körper senkrecht zu halten. In der Schwerelosigkeit, wo es kein Oben und Unten mehr gibt, hat die Macula offensichtlich ihre Aufgabe verlernt. Sie muss erst wieder richtig trainiert werden. Zwischenzeitlich übernehmen die Augen die Aufgabe, die Kopfstellung gegenüber der Senkrechten festzustellen, und deshalb findet man seine Balance bei geöffneten Augen wieder halbwegs gut.

Den Körper wieder einigermaßen im Griff, mache ich die ersten Schritte. Ich komme mir dabei vor wie ein auf den Hinterbeinen tapsender Bär. Die Geschmeidigkeit des Ganges wird sich erst später wieder einstellen. Die Luke, durch die ich aussteigen muss, liegt schräg links hinter meinem Sitz. Ich muss also bei meinen ersten Schritten zunächst eine Körperdrehung nach links um 180° und dann um 90° nach rechts vollziehen. Ich gehe los und habe handfeste Schwierigkeiten, mein Körper will nicht so, wie ich will. Bei jeder der beiden Drehungen droht er umzukippen. Es ist wie früher bei den Kreiselbussen. Das dynamische Gleichgewichtsorgan, das mit der Macula eine Einheit bildet, erzeugt einen lästigen Kreiseleffekt. Dessen Schwimmer, eingelagert in drei flüssigkeitsgefüllte Bogengänge, registrieren die Drehbewegungen des Kopfes und melden sie dem Gehirn, das die Körperbewegungen daraufhin abstimmt. Auch diese Signalkette wurde in der Schwerelosigkeit überflüssig und ist aus der Übung geraten. Also, ganz langsam um die Kurven und nur nicht die Augen schließen, denn die verhindern auch hier das Schlimmste.

Kreiselbusse, bei denen die Bremsenergie in einem großen Schwungkreisel für die weitere Fahrt gespeichert wurde, kamen deswegen nie zum Einsatz, weil sie wegen des Kreiseleffekts in Kurvenfahrten umkippten.

Draußen angekommen, nimmt mir ein NASA-Techniker zunächst einmal den Camcorder vorsichtig aus der Hand, nicht weil der Herr so nett ist und mir beim Tragen helfen will, nein, sondern weil die

NASA das inzwischen vorschreibt! Zu viele dieser teueren, weltraumqualifizierten Camcorder sollen angeblich direkt nach dem Aussteigen zu Bruch gegangen sein. Aber nicht weil die Astronauten den Camcorder nicht tragen konnten und ihn einfach fallen ließen. Der Grund ist ein ganz anderer. In der Schwerelosigkeit hat man sich daran gewöhnt, einem Kollegen Gegenstände nicht mehr wie üblich zu übergeben, sie ihm in die Hand zu drücken, sondern ihm zuzuwerfen oder zumindest bei der Übergabe nicht mehr auf den Gegendruck seiner Hände zu warten, sondern vorher loszulassen. Man spart sich den Weg und es geht wesentlich schneller. Genau das macht man unwillkürlich auch hier unten. Man wirft sich den Camcorder zu im erlernten Vertrauen, der Camcorder flöge geradlinig bis zum anvisierten Kollegen weiter. Das macht er jetzt natürlich nicht mehr, sondern er fliegt vor die eigenen Füße – und das war's.

Das sind so die kleinen Probleme, mit denen man eine Zeit lang zu kämpfen hat. Wir sind inzwischen im Liegen in die medizinische Abteilung gefahren worden und werden als Erstes medizinisch untersucht. Einer der schlimmsten Tests dabei ist der Stehtest: einfach bewegungslos stehen bleiben, bis einem schwarz wird vor Augen. Der Körper hat nämlich verlernt, im bewegungslosen Zustand den Kreislauf – im wahrsten Sinne des Wortes – so unter Druck zu setzen, dass er über längere Zeit das Gehirn ausreichend mit Blut versorgt. Während man also beim Stehtest mehrere Minuten nur so da steht, sackt der Blutdruck langsam ab, bis der Mediziner wohlwollend den Test abbricht. Er weiß genug.

Und ich habe auch genug. Ich habe das Bedürfnis, erst einmal in Ruhe die Toilette aufzusuchen. Ich gehe langsam den langen Korridor hinunter, wo ich eine reizende junge Schwester treffe, die ich nach der Toilette frage. Gleich rechts, dort vorn. Na, wunderbar. Ich gehe noch die paar Schritte weiter und will wie gewohnt schwungvoll die Kurve nehmen, kippe dabei aber fast um und ... treffe die Türe nicht! Ich wäre kurz davor fast gegen den Türrahmen gelaufen! Ich schaue mich um, ob mich auch keiner gesehen hat. Die nette Schwester, ausgerechnet!, lächelt verständnisvoll zurück und ich merke, wie ich einen roten Kopf bekomme. Ich muss mich an der Tür festhalten, schiebe mich leicht benebelt auf die Toilette, wo ich mich jetzt endlich hinsetzen kann. Zum Glück gewöhnt sich der Körper schnell wieder an die alte Welt. Nach einigen Stunden habe ich mein Normalgewicht wieder zurück. Auch das statische Gleichgewichtsproblem verliert sich nach ein bis zwei Tagen. Aber diese verflixte, vermasselte Kurvendynamik will lange nicht so recht. Selbst noch nach einer Woche hatte ich Probleme damit, zum Beispiel

Die D-2 Astronauten kehren zurück nach Houston und werden von ihren Kindern empfangen (unten).

Eigentümlicherweise hatte ich, wenn ich nachts aufwachte oder morgens im Halbschlaf, öfters noch das Gefühl, ich schwebte in Schräglage über dem Bett, die Beine leicht höher als der Kopf.

beim Fußballspielen, meiner großen Leidenschaft. Eine Woche nach der Mission habe ich es wieder versucht und musste abbrechen. Die gesamte Koordination des Laufens, abbremsen, den Körper leicht nach hinten legen, mit dem Bein ausholen, Ball treffen, das alles klappte noch nicht. Ich fühlte mich vielmehr wie ein junger Hund, der tapsig über das Spielfeld läuft.

Aber hat man sich auch innerlich verändert, ist man ein anderer geworden, lebt anders, intensiver? So lautet eine oft an mich gestellte Frage. Ich kann die Frage natürlich nicht stellvertretend für alle Astronauten und Kosmonauten beantworten. Ich kann nur sagen, was mit mir geschah. Die Eindrücke einer Mission sind ungeheuer intensiv. In meinen 10 Tagen im Weltraum habe ich mehr und neue Dinge erlebt als auf der Erde in einem Jahr. Gerade intensive Erlebnisse bleiben stärker haften als andere. Ein stürmischer Urlaub mit wenigen Leuten in einer abgeschiedenen Blockhütte hinterlässt tiefere Spuren als ein Urlaub zu Hause. Eine Weltraummission ist jedoch noch weit intensiver als ein Urlaub in einer Blockhütte, eher wie ein selbst verschuldeter Autounfall. Wie man eine Mission oder einen Autounfall innerlich verarbeitet, hängt stark von jedem Einzelnen ab. Es gibt Fahrer, die ihren Fahrstil danach abrupt ändern und ihr Leben lang unter dem Unfalltrauma leiden. Andere laufen danach einfach nur wachsamer durch das Leben. Ihren bewährten Fahrstil verändern sie deswegen jedoch nicht. Schließlich die Menschen, die weiterfahren, als sei nichts passiert, und bei denen der Eindruck des Unfalls gerade bis zum nächsten Morgen reicht: Ein neuer Tag, ein neues Glück!

Diese drei Menschentypen gibt es auch bei Raumfahrern, wobei mit Abstand die meisten, wie auch ich, zur zweiten Gruppe gehören. Rein äußerlich, in ihrer Art, haben sich die wenigsten Astronauten nach dem Raumflug verändert. Ich sprach mit Nancy Gunter, jener attraktiven Dame der Crew Quarters am Kennedy Space Center, die bereits die Astronauten der ersten Stunde betreute, über dieses Thema. Ihre Antwort kam schnell und eindeutig: Nein, nach der Mission seien die Astronauten dieselben wie vorher, sie redeten nur wie ein Wasserfall. Verständlich, auch ich hatte das Bedürfnis, meine Erlebnisse mit anderen zu teilen. Wenn sich Astronauten verändern würden, so Nancy weiter, dann nach ihrer Auswahl während der Jahre vor dem ersten Flug.

Es gibt natürlich Ausnahmen. Von einem Apollo-Astronauten weiß man, dass er sehr religiös wurde und später predigte. Doch Apollo war etwas ganz anderes. Die ersten Astronauten vom Mond wurden im offenen Wagen durch

Joseph P. Allen auf seinem Flug im November 1982.

Direkt nach der Ankunft in Houston gibt die Crew eine Pressekonferenz auf dem Flugplatz.

die Straßen von New York gefahren, unter dem Jubel abertausender begeisterter Amerikaner. Ich bin mir sicher, nicht der Mondflug hat den Astronauten zum Prediger gemacht, sondern der Trubel danach. Wer dann nicht genug Realitätssinn und psychologische Festigkeit zeigt, sondern wirklich glaubt, was dieser Trubel suggeriert, man sei mit überirdischen Gaben gesegnet, der wird tatsächlich so.

Aber Veränderungen finden statt. Man kann sie nur nicht von außen erkennen. Sie vollziehen sich im Stillen, in einem selbst. Die neue Sicht der Erde hat mir gezeigt, dass Dinge ganz anders sein können, als sie sich im täglichen Leben darstellen. Die Welt, so wie der Mensch sie auf der Erde wahrnimmt, ist nur ein kleiner Aspekt dessen, was sie insgesamt ist. Ich sitze hier am Schreibtisch und schaue um mich. Aus meinem kleinen Zimmer heraus, mit den vielen kleinen Dingen, sehe ich Häuser und den Wald hinter den Feldern. Dieses Umfeld mit einer Ausdehnung von vielleicht 3 Kilometern prägt mein Handeln, mein Leben, meinen eigenen geistigen Horizont. Diesen kleinen Kokon führt jeder auf Schritt und Tritt mit sich herum und stellt unbedacht sein Leben darauf ab. Und innerhalb dieses privaten Kokons drapiert sich rein optisch der gesamte Inhalt um einen herum. Bei allem, was man sieht und tut, ganz selbstverständlich hat man das Gefühl, selbst Mittelpunkt des Lebens zu sein – ich bin der Nabel der Welt. Solche Gedanken kommen mir nach der Mission öfter, weil ich die Welt anders kennen gelernt habe. Der Mensch zählt nichts. Selbst das Sein oder Nichtsein der Menschheit ist für das Bestehen der Erde belanglos. Dort oben, dem All gefühlsmäßig näher als der Erde, hatte ich zum ersten Mal das Gefühl, nicht mehr Teil der Erde zu sein und damit Teil ihrer Probleme. Ich war ein Außenstehender geworden, natürlich mit der Liebe für diese Heimat, jemand, der zum ersten Mal im Leben die Sorgen und Nöte seines Dorfes hinter sich lässt und eine andere Luft atmet. Mit dieser Distanz zu den Dingen sieht man die Welt neu und in anderen Zusammenhängen und Dimensionen. Genau das ist es, worüber Astronauten wieder und immer wieder berichten, weil es zu einem neuen Teil ihrer selbst geworden ist, wie auch mir.

„Für die, die die Erde vom Weltraum aus gesehen haben und für die hunderte und vielleicht tausende mehr, die das sehen werden, ändert das Erlebnis mit Sicherheit ihre Sichtweise. Die Dinge, die wir teilen auf unserer Welt, sind weit wertvoller als die, die uns trennen."
Donald Williams, STS-51D.

Warten auf den nächsten Flug

Was macht ein Astronaut eigentlich, wenn er nicht gerade fliegt? Das hängt davon ab. Der typische NASA-Astronaut fliegt in seinen aktiven Jahren nach der Grundausbildung, zwischen seinem 35. und 47. Lebensjahr, etwa viermal, also etwa alle drei Jahre einmal. Die Vorbereitung auf eine bestimmte

Die ersten Bilder der gesamten Venusoberfläche lieferte die Venussonde Magellan mit einem Radarsensor, der die undurchsichtige Atmosphäre durchdringen konnte.

Der ultimative Standort für Teleskope dieser Art wäre übrigens die Rückseite des Mondes. Dort, wo man die Teleskope in Zukunft auch durch eine Mondkolonie warten könnte, existiert nicht nur keine störende Atmosphäre, sondern weil die Rückseite stets von der Erde abgewandt ist, gibt es auch kein störendes Streulicht der Erde.

Wissenschaftliche Erkenntnisse durch Raumfahrtsonden und -missionen

Alle detaillierten Erkenntnisse über die äußeren Planeten in unserem Sonnensystem stammen von den bekannt gewordenen Sonden Pioneer und Voyager und später auch Galileo und erst mit den Marssonden der Mariner- und Viking-Serie und der Venussonde Magellan haben wir ein genaues Bild von deren Oberflächen und ihren Eigenschaften.

Mit den im Weltraum stationierten Raumteleskopen wie Hubble, ROSAT oder GAUSS auf der D-2 Mission, die so den behindernden Einfluss der Erdatmosphäre umgehen, kann man nicht nur noch weiter in den Weltraum vordringen, sondern mit ihren völlig neuen Erkenntnissen lieferten sie in den letzten Jahren ein genaueres Bild des Entstehens unserer Welt (Sternenentstehung) und ihrem Vergehen in schwarzen Löchern. Wie mit dem Einsatz des Raumlabors Spacelab, insbesondere auf den deutschen D1 und D-2 Missionen, viele Fragen an die Natur beantwortet werden konnten, habe ich schon im Special „Was zum Teufel machen Wissenschafts-Astronauten im Himmel" (Seite 22) beschrieben.

Raumfahrt-Spinoffs

Die ersten Taschenrechner kamen deswegen im Jahre 1974 kurz nach den Apollomissionen auf den Markt, weil in den Saturnraketen neben den Unmengen von Treibstoff kaum mehr Platz für die Systemregelung war. Daher wurden die ersten Elektronikchips entworfen, die noch die kleinsten Ecken der Raketenstufen ausnutzten. Erst diese Chips machten die handlichen Taschenrechner möglich und gaben den Anstoß für die darauf folgende Computerrevolution.

Kommen wir zu den indirekten Nutzanwendungen der Raumfahrt. Dazu gehört das bereits schon oben erwähnte Augendruckmessgerät von der D-2 Mission. Aber auch der Taschenrechner hat seine Wurzeln in der Raumfahrt. Die Apollo-Ära insgesamt war darüber hinaus sehr befruchtend für die irdische Technik. Aus den geländegängigen, neu entwickelten Reifen des Mondautos entstammt der heutige Radialreifen; weil es auf dem Mond bis heute keine Steckdosen gibt, wurden die ersten Akkuwerkzeuge entwickelt, insbesondere der Akkubohrer für Mondgestein; damit die Mondfähre immer die auf eine Tausendstelsekunde genaue Zeit hatte, wurde der Quarzkristall als Zeitstandard in Quarzuhren eingeführt; die Apolloastronauten sollten immer keimfreie Nahrung haben, die aus Gewichtsgründen möglichst leicht sein sollte – die Gefriertrocknung wurde entwickelt; die spiegelnden UV-Beschichtungen der Raumanzughelme werden seit Apollo für verspiegelte Sonnenbrillen verwandt, aber auch die Antibeschlagflüssigkeit für die Helminnenseite wird heute in jedem Autowischtuch verwandt; die Rauchmelder auf der Skylab-Station haben wegen ihrer Verlässlicheit auch Einzug in den kommerziellen Markt gefunden, ...

In der Schwerelosigkeit lässt sich nichts ablegen, alle losen Teile schweben und driften durch die Gegend. Deshalb hat ausnahmslos jedes Teil an Bord eines Raumschiffes ein Stück Klettverschluss aufgeklebt, mit dem man es an die überall im Shuttle angebrachten Gegenstücke anheften kann.

Aber auch die Shuttletechnik beginnt Einfluss auf unser tägliches Leben zu nehmen:

Der Klettverschluss, der heute vielfach für Kinder- und Sportschuhe und für Freizeitkleidung genutzt wird, wurde für die Raumfahrt entwickelt. Die NASA hatte beim kompliziertesten Gefährt, das die Menschheit je gebaut hat, Probleme, die schier unübersehbare Anzahl von Shuttleteilen zu verwalten. Sie entwickelte daher den Strichkode, der sich heute an allen verpackten Waren befindet und die Kassenabrechnung, aber auch die Warenlogistik entscheidend erleichterte. Das Prinzip der Brennstoffzelle, das für das Shuttle zur Einsatzreife gebracht wurde und das mit der kalten Verbrennung von Wasserstoff und Sauerstoff zu Strom und reinem Wasser für das Shuttle die Hauptenergiequelle darstellt, wird in Zukunft für den umweltfreundlichen Wasserstoffkreislauf die entscheidende Rolle spielen und wurde im Mai 1996 mit dem Auto „neCar II" von Mercedes-Benz als die leichte Alternative für Elektroautos vorgestellt, die ohne belastende Batterien auskommt.

Aus den Magellan-Radardaten und einer von der NASA entwickelten Software kann ein virtuelles, naturgetreues Bild von der Venusoberfläche erzeugt werden.

Aber auch die so genannten Memorylegierungen aus Titan für flexible Brillengestelle und hochfeste Kevlar- und unbrennbare Nomex-Fasern von DuPont für extreme Beanspruchungen wie Schusswesten oder ultraleichte Hochdrucktanks wurden ursprünglich für das Shuttle entwickelt. So schützt eine Kevlar-Schicht im Raumanzug heute Astronauten vor Mikrometeoriteneinschlägen während eines Raumspazierganges und genau dieses Material wird heute auch als PET für „unverwüstbare" Pfandflaschen eingesetzt. Der Nierensteinzertrümmerer wurde von der deutschen Firma DORNIER patentiert und entstammt der Raumfahrtentwicklung. Ebenso wurden Heatpipes, GaAs-Solarzellen, Mikropumpen, etc. durch Patente der Raumfahrtforschung und -entwicklung entscheidend weiterentwickelt. Allein aus der D-2 Schwerelosigkeitsforschung stammen neben dem Augendruckmessgerät verbesserte Motorengleitlager, Entwicklungsbeiträge zum Audi A8 „Space Frame", die Space Mouse für CAD-Anwendungen, der UV-Biofilm, der Babyanzug als Maßnahme gegen den plötzlichen Kindstod, ...

Die Nutzanwendungen sind so vielfältig und in ihrem Ausmaß noch gar nicht ausgelotet, dass es mit MST Aerospace GmbH in Deutschland eine eigene Vermarktungsgesellschaft für Luft- und Raumfahrtentwicklungen gibt und mit INTOSPACE eine spezialisierte Firma, die die Türen für die Nutzung des Weltraums für jedermann öffnet. Die NASA bringt jährlich eine Broschüre über die Spinoffs der NASA heraus.

Vermarktungsgesellschaft für Raumfahrtentwicklungen in Deutschland ist die MST Aerospace GmbH, Eupener Str. 150, 50933 Köln. Sie ist auch für die Vermarktung der TEST, Transferable European Space Technologies, zuständig.

INTOSPACE GmbH, Prinzenstr. 17, 30159 Hannover.

NASA – Spinoff 19**, Technology Utilization Division, Office of Commercial Programs, NASA Headquarters, Washington, D.C. 20546.

Der Mensch in der Raumfahrt

Fragt man den Menschen auf der Straße, was ihm als bedeutendstes Ereignis der vergangenen Raumfahrt in Erinnerung ist, dann wird wohl jeder die Landung auf dem Mond nennen. Dabei denken sicherlich die wenigsten an die daraus folgenden Spinoffs und die neuen Erkenntnisse über Zusammensetzung und Ursprung des Mondes, sondern die Mondlandungen waren Errungenschaften ihrer selbst willen.

„Jetzt weiß ich, warum ich hier bin. Nicht um den Mond genauer zu betrachten, sondern um zurückzuschauen auf unser Zuhause, die Erde!" Alfred Worden, USA, Apollo 15, Juli 1971.

Der Schritt auf den Mond ist der Manifest gewordene Schritt der Mensch-

heit hinaus in den Weltraum, um die Erde und damit sich selbst neu zu erfahren. Der Mensch sprengt die Ketten der Erde, überschreitet die Grenzen des bisher Möglichen. Das ist die übergeordnete, kulturelle Aufgabe der Raumfahrt, die die Amerikaner längst erkannt und sie sogar in den Statuten der NASA festgeschrieben haben. Es sind gerade die Amerikaner, die sich der historischen Dimension der Raumfahrt bewusst sind und sie als zukunftsorientiere Aufgabe verinnerlicht haben.

Wenn ein Mensch fliegt, fliegen wir alle! Darauf gründet sich das ureigenste Interesse der Menschen an der bemannten Raumfahrt. Aus dem Weltraum zurückzublicken auf unser Raumschiff Erde und sie mit ganz anderen Augen zu sehen, das ist die neue Erkenntnis der Raumfahrt – und der Astronaut ist ihr Botschafter.

„Einige Länder haben Kathedralen gebaut, die Engländer haben ihre Monarchie und die Westminster Abbey, wir haben ein Weltraumprogramm und das Luft- und Raumfahrtmuseum."

„Genauso wie die Kathedralen Pilgerstätten der Alten Welt sind, sind Cape Kennedy und die US-Raumfahrt die Pilgerstätten amerikanischer Bürger."

John Pike, Projekt Raumfahrtpolitik, Vereinigung Amerikanischer Wissenschaftler.

„Die Erde erinnerte uns an einen Weihnachtsbaumschmuck, aufgehängt in der Schwärze des Weltalls. Dieser wunderschöne, warme, lebende Körper sah so zerbrechlich aus, so zierlich, dass er zerbröckelte und zerfiele, wenn man ihn berühren würde. Das zu sehen muss einen Menschen verändern, ihn würdigen lassen die Schöpfung Gottes und die Liebe Gottes."
James Irwin, USA, Apollo 15, Juli 1971.

Ich habe da eine Frage!

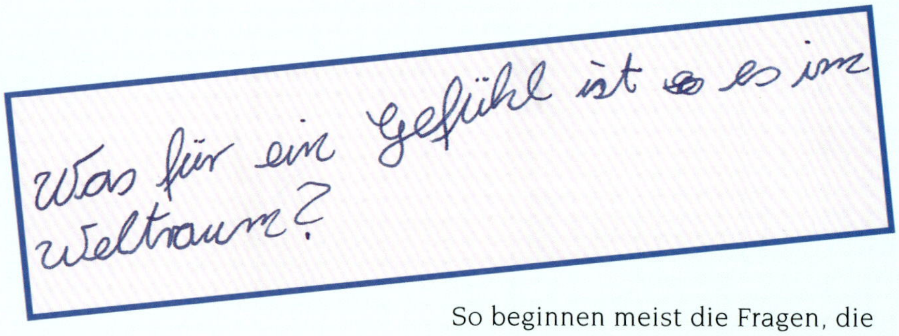

So beginnen meist die Fragen, die mir immer wieder gestellt werden und die wohl jedem einmal durch den Kopf gingen, ohne dass man je zu einem befriedigende Schluss gekommen wäre. Hier sollen sie beantwortet werden.

Kann man die Chinesische Mauer vom Mond aus sehen?

Diese sehr oft gestellte Frage wird gelegentlich unrichtig formuliert, als: „Kann man die Chinesische Mauer vom Shuttle oder von der Raumstation aus sehen?". Natürlich kann man die Chinesische Mauer von dort aus sehen! (Obwohl ich sie persönlich nicht sehen konnte, weil unsere Inklination dafür nicht ausreichte, mit anderen Worten, unsere Mission führte uns erst gar nicht über diese Mauer.) Wie ich im Special „Auf die Erde schauen mit Marilyn Monroe" (Seite 83) ausführlich erläutert habe, lässt sich aus der erdnahen Umlaufbahn, alles, was in einer Ausdehnung größer ist als 30 Meter, mit dem bloßen Auge erkennen. Dazu zählt natürlich auch die Große Mauer.

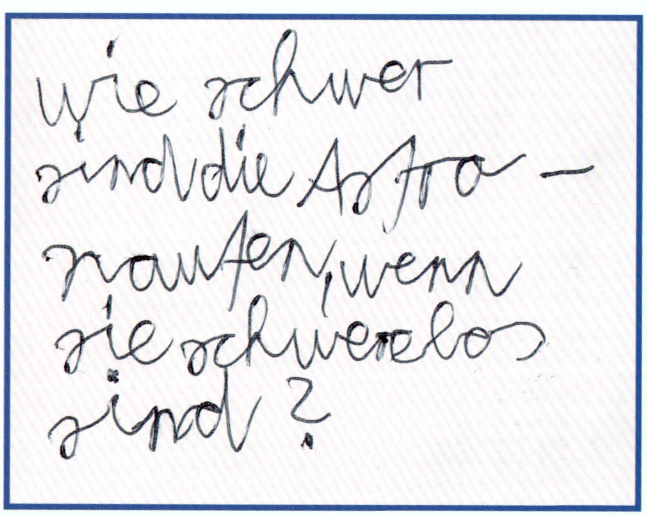

Das bekannte Gerücht lautet aber vielmehr: „Lässt sich die Chinesische Mauer als einziges menschliches Machwerk (incl. Städte etc.) vom Mond aus sehen?" Da ich diese Frage (leider) nicht aus Erfahrung beantworten kann, habe ich mich an zwei meiner Apollo-Kollegen – Charles M. Duke (Apollo 16, 5. Mondlandung, April 1972) und Eugene A. Cernan (Apollo 17, 6. Mondlandung, Dezember 1972) – gewandt, mit der Bitte um Aufklärung. Im Folgenden die wortgetreue Übersetzung ihrer Antworten:

Charles M. Duke (Apollo 16):

„... Ich glaube nicht, dass irgendetwas von Menschen Geschaffenes vom Mond aus gesehen werden kann. Keiner sah die Große Mauer vom Mond aus. Man kann keine großen Städte oder irgendwelche menschlichen Objekte vom Mond aus sehen. Es ist schwierig genug, so gerade die Kontinente vom Mond aus zu sehen. ... Es ist ein verbreitetes Missverständnis, dass wir die Große Mauer vom Mond aus sehen konnten. Wie diese Meinung entstand, ich weiß es nicht."

Eugene A. Cernan (Apollo 17):

„Es gibt keine vom Menschen geschaffene Objekte, die aus der Distanz des Mondes gesehen werden können, weder mit dem bloßen Auge noch mit dem Einsichtgerät [Original: monocular], das wir auf Apollo mit uns hatten. ... Ja, man kann die Große Mauer in China aus 200–300 Meilen [300–500 km, also vom Erdorbit des Shuttles aus] im Weltraum erkennen. Darüber hinaus konnte ich das Dome Stadion in Houston auf Gemini IX [Auf dieser Mission umkreiste er im Juni 1966 die Erde.] mit dem bloßen Auge erkennen. Aber keine dieser Dinge, große Städte eingeschlossen, Tag oder Nacht, können vom Mond aus gesehen werden. ... Es sollte einem klar sein, dass die Erde, die [vom Mond aus] etwa viermal so groß wie der Mond erscheint, überzogen ist mit den Ozeanen und den Wolken, die sie als Ganzes überdecken. Vom Mond aus sehen wir die Erde, so wie Gott sie erschaffen hat, und keine von Menschen geschaffenen Objekte."

Ich denke damit ist diese bohrende Frage ein für alle Mal beantwortet.

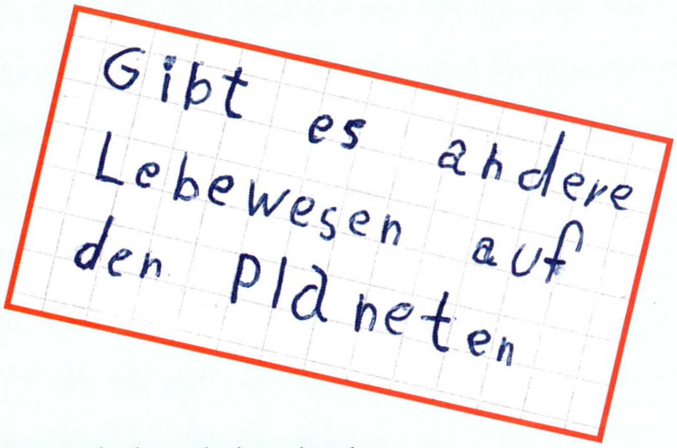

Warum dreht sich das Shuttle gleich nach dem Abheben?

Genau genommen dreht sich das Shuttle kurz nach dem Abheben um alle drei Achsen. Das heißt, das Shuttle dreht sich um die Längsachse (Roll), legt sich zunehmend „auf den Rücken" (Pitch) und schwenkt seitlich aus (Yaw), wobei die Drehung um die Längsachse am sichtbarsten wird. Diese Manöver werden hauptsächlich durch ein leichtes Schwenken der Auslassdüsen der Booster und der Flüssigkeitsantriebe erreicht und weniger durch die Leitwerke des Shuttles. „Roll"- und „Yaw"-Manöver zusammen bringen das Shuttle in seine vorbestimmte Inklination. Außerdem wird durch die geänderte Flugrichtung im Falle eines Missionsabbruches, z.B. wegen Versagens der Antriebssysteme, der Notlanderückflug zur Landebahn neben der Startrampe einfacher durchführbar. Durch die Drehung des Shuttles können sich zudem die S-Band-Antennen des Bodens und des Shuttles besser „sehen" – die Funkverbindung wird verbessert. Das "Pitch"-Manöver bringt das Shuttle langsam in Rückenlage und überführt zusammen mit dem "Yaw" das Shuttle in eine Flugbahn Richtung Osten, das Shuttle soll ja nicht nur senkrecht aufsteigen, sondern auch langsam in eine elliptische und später in eine kreisförmige Bahn um die Erde übergehen. Die zunehmende Rückenlage ermöglicht auch der Crew, den Erdhorizont zu sehen – eine hilfreiche, jedoch nicht unbedingt notwendige Bedingung. Und schließlich – und ganz wichtig – vermindert die zunehmende Rückenlage die strukturelle Last auf das ganze Flugsystem: Die Booster drücken das System mehr nach oben, während das Shuttle durch den Auftrieb der Tragflächen das System nach unten zieht.

Das Shuttle bewegt sich bei seinem Flug um die Erde auf einer fast idealen Kreisbahn in 300 Kilometer Höhe. Für einen entfernten Betrachter, sagen wir vom Mars aus, steht diese Kreisbahn fest im Raum, während sich die Erde in 24 Stunden einmal darunter hindurchdreht. Den Winkel zwischen der Kreisbahnebene und der Äquatorebene nennt man die Inklination des Shuttles. Sie ist missionsspezifisch und betrug bei der D-2 Mission 28,5°.

Die Summe der beiden abweichenden Kräfte bestimmt die Flugrichtung, sie ziehen aber auch stark an den Streben, über die das Shuttle an den äußeren Tank geheftet ist. Durch die zunehmende Rückenlage entsteht nun immer ein kleiner negativer Flugwind-Angriffswinkel, der das Shuttle wieder leicht auf die Streben drückt und sie so nicht so stark belastet. Durch diese Beschleunigungskraft Richtung Shuttleunterseite haben die Astronauten während des gesamten Aufstiegs auch das Gefühl, sie würden ganz normal in den Stühlen sitzen, obwohl sie zusammen mit dem Shuttle eigentlich auf dem Kopf stehen.

Wie teuer ist eine Shuttle-Mission?

Das kommt darauf an (alle Angaben beziehen sich auf das Jahr 1992): Der Aufwand, ein Shuttle nach seinem Flug für einen neuen vorzubereiten, und die Operation des Fluges selbst wurden von der NASA Ende 1996 auf $ 414 Millionen beziffert. Schließt man die Entwicklungskosten für das Shuttle mit ein und legt sie auf die alle Flüge bis zur Beendigung des Shuttlebetriebs, etwa im Jahre 2007, um, so beziffert sich die Kosten pro Flug auf ca. $ 900 Millionen. Der Slot für eine Mission, also das Recht fliegen zu dürfen und in den Flugplan aufgenommen zu werden (oder wieder gestrichen zu werden), gibt es bei der NASA „bereits" für $ 45 Millionen.

Detaillierte Informationen sind zu finden im Artikel von R.A.Pielke, „Space Shuttle Value open to Interpretation", Aviation Week Magazine, Ausgabe 26. Juli 1993, S. 57.

Ab wieviel Meter Höhe beginnt die Schwerelosigkeit?

Warum fliegen die Amerikaner mit dem Shuttle nicht wieder zum Mond?

Was passierte mit den Saturn V-Bauplänen?
Das Verhältnis von Nutzlast (Shuttle) zum Gesamtgewicht des Systems ist so ausgelegt, dass das Shuttle eine maximale Bahnhöhe von 800 Kilometern erreicht. Daher kann das Shuttle zwar in Zukunft die Internationale Raumstation in 400 Kilometer Höhe anfliegen, aber es könnte nie den Mond in 380 000 Kilometer Entfernung erreichen. Nur die Saturn V Rakete war dafür ausgelegt. Entgegen der weitläufigen Meinung, die Blaupausen der Saturnrakete seien auf den Müll gewandert, werden sie auf Mikrofilm im Marshall Space Flight Center in Huntsville/Alabama aufbewahrt.
Das bedeutet jedoch nicht, dass die NASA von heute auf morgen eine neue Saturn V bauen und erneut zum Mond oder Mars fliegen könnte. Das Problem sind nicht die Pläne, sondern die Herstellung der Einzelteile aus den 60er Jahren. Kaum eines dieser Teile wird heute noch hergestellt. Die meisten Produktionseinrichtungen müssten neu aufgebaut werden. Außerdem sind die damaligen Startrampen für die Shuttlestarts umgebaut worden. Wegen dieses enormen Aufwandes wird die NASA bei solchen Flügen sicherlich neue Rampen und eine neue, modernere Rakete konzipieren.

Wie lange kann der ungeschützte menschliche Körper im All unbeschadet überleben?
So erstaunlich das klingen mag: mindestens 60 Sekunden lang, vorausgesetzt man hält nicht die Luft an, sondern im Gegenteil, man lässt die Luft aus den Lungen entweichen, und vorausgesetzt der Druckverlust erstreckt sich über länger als 0,5 Sekunden, wovon man eigentlich immer ausgehen kann. Denn im luftleeren Raum dehnt sich nur eingeschlossene Luft aus und nicht die festen und fleischlichen Teile des Körpers. Würde man die Luft anhalten, dann passierte genau das, was unachtsamen Tauchern beim schnellen Aufstieg aus großen Wassertiefen passieren kann, durch den starken Überdruck platzt die Lunge. Probleme könnte es noch mit dem Mittelohr geben, das auch Luft enthält, aber über die eustachische Röhre mit dem Mundraum verbunden ist. Sollte diese Röhre durch die Schwellungen einer Verschnupfung verschlossen sein – weswegen man bei Schnupfen oft Mittelohrentzündungen bekommt – dann kann die Luft aus dem Mittelohr nicht entweichen und bei schnellem Druckverlust platzt das Trommelfell.

Diese 60 Sekunden sind natürlich nicht angenehm. Nach 6 Sekunden gehen die Flüssigkeiten des Körpers in den Dampfzustand über (theoretisch gesprochen kocht das Blut mit seinen 37°C bei Nulldruck). Die Verdampfung führt zu einem Lungenkollaps und der ausbleibende Druck zu einer Kreislaufunterbrechung. Wegen der ausbleibenden Sauerstoffversorgung verwirren sich die Sinne nach 15 Sekunden und nach 20 Sekunden tritt Bewusstlosigkeit ein. Die Schmerzen, die durch die Blasenentwicklung von Stickstoff in den Gelenken auftreten, merkt man dann schon nicht mehr. Wenn jedoch spätestens nach den 60 Sekunden der Druck wieder auf normale Werte ansteigt, nimmt der Körper wieder seine normalen Funktionen auf und es bleiben theoretisch keine Langzeitschäden zurück – dafür lege ich jedoch meine Hand nicht ins Feuer, ich habe es noch nicht ausprobiert!

Wie sieht das Klo aus?

Inwieweit schädigen die ausgestoßenen Gase des Shuttles die Ozonschicht?
Es taucht immer wieder die Vermutung auf, die chemischen Rückstände der Feststoffbooster könnten zur Zerstörung der Ozonschicht beitragen. Drei unabhängige amerikanische Teams haben den Einfluss auf die Stratosphäre (dort, wo das Ozon als Schutz vor UV-Licht wirkt) bestimmt. Die folgenden Vergleiche zeigen, dass der Beitrag des Shuttles tatsächlich sehr gering ist. Vorausgehend sollte erwähnt werden, dass es hauptsächlich das Chlor der FCKWs (Fluorchlorkohlenwasserstoffe) ist, das zur Schädigung führt. Die Beiträge zum Chlorgehalt der Stratosphäre sind:

natürliche Quellen:
75 000 Tonnen/Jahr
industrielle Quellen:
300 000 Tonnen/Jahr
vom Shuttle:
725 Tonnen/Jahr

Es wird deutlich, dass der Beitrag des Shuttles nur 0,24% der industriellen Quellen beträgt und auch nur knapp 1% der natürlichen, nicht anthropogenen Quellen, womit er noch unterhalb der natürlichen Schwankungsbreite liegt, selbst wenn das Shuttle monatlich starten würde. Übrigens, auch der Weltraummüll, der früher oder später in der Erdatmosphäre verglüht, trägt mit geschätzten einigen zig Tonnen/Jahr nur unwesentlich zur Beeinträchtigung der Atmosphäre bei.

Wie warm ist es im Weltraum?
Die Frage ist komplizierter, als man annehmen würde. Wenn man von Temperatur auf der Erde spricht, dann meint man die Raumtemperatur, also die Temperatur der Luft, die in relativ kurzer Zeit zu einem Ausgleich der Temperaturen aller Körper in einem Raum führt. Dem ist nicht so im Weltall. Dort gibt es keine ausgleichende Luft und daher haben alle Teile ihre eigene Temperatur, abhängig davon, ob sie von der Sonne beschienen werden oder nicht und wie nahe sie am Heizkörper „Sonne" sind. Ein Körper weitab von jedem Stern nimmt die Gleichgewichtstemperatur des Weltalls ein, die Temperatur der so genannten Hintergrundstrahlung. Sie beträgt 2,7° Kelvin oder -270° Celsius. Ein schwarzes Teil in der Entfernung des Saturns wird von der Sonne schon auf -160°C „aufgewärmt" und die sonnenzugewandte Seite des Shuttles beim Flug um die Erde wird bereits +70°C heiß. Die Temperatur der sonnenabgewandten Seite des Shuttles kann bis auf -50°C fallen. Würde das Shuttle zur Venus fliegen können, so würde es dort bei +120°C „schmoren" und beim Merkur bei +270°C „braten".

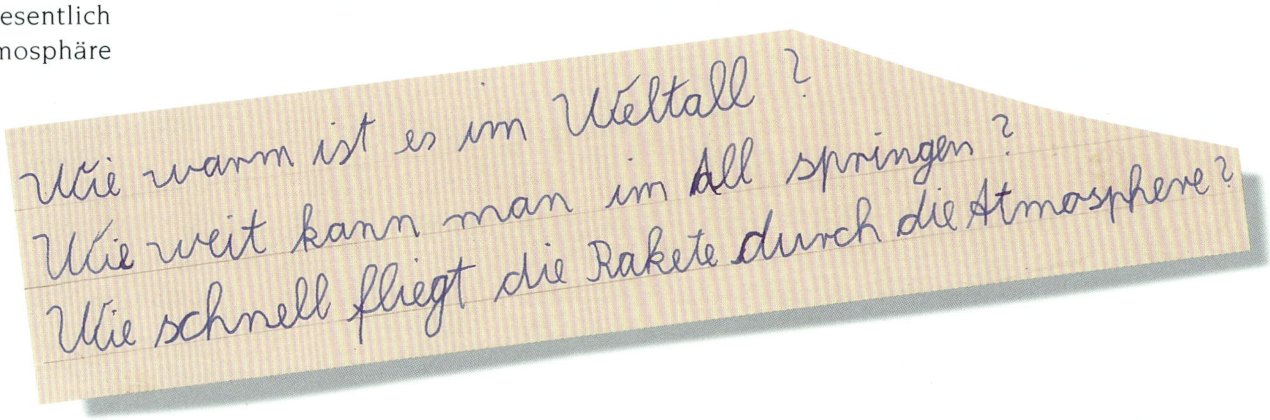

Heimatplanet Erde – Mit den Astronauten

Und das ist die Mission:

Raumschiff:	OV-102, Name: Columbia
Missionstyp:	Erdorbit
Crew:	1 Commander, 1 Pilot, 3 Bordingenieure / NASA 2 deutsche Wissenschafts-astronauten
Startplatz:	Pad 39A, Kennedy Space Center, Florida, USA
Startzeit:	9:50 h a.m. EST (15:50 h MEZ)
Nutzlast:	Spacelab (88 Experimente), USS
Startgewicht:	1995 Tonnen davon Shuttle 104 Tonnen
Inklination:	56,9°
Flughöhe:	300 km
Orbitgeschwindigkeit:	28 000 km/h
Nominale Flugzeit:	9 Tage, 23 Stunden, 49 Minuten
Flugkilometer:	6,701 Millionen Kilometer
Erdumkreisungen:	159 (vollständige)
Landeplatz:	Landebahn 33, Kennedy Space Center, Florida, USA

EST:
Eastern Standard Time, die Zeitrechnung an der Ostküste der USA.

USS:
In der Nutzlastbucht des Shuttles, hinter dem Raumlabor Spacelab, befindet sich noch die Unique Support Structure, mit weiteren, automatisierten Experimenten.

Inklination:
Das Shuttle bewegt sich bei seinem Flug um die Erde auf einer fast idealen Kreisbahn in 300 Kilometer Höhe. Für einen entfernten Betrachter, sagen wir vom Mars aus, steht diese Kreisbahn fest im Raum, während sich die Erde in 24 Stunden einmal darunter hindurchdreht. Den Winkel zwischen der Kreisbahnebene und der Äquatorebene nennt man die Inklination des Shuttles. Sie ist missionsabhängig.

Die Bilder dieses Bandes entstanden auf dieser hypothetischen Shuttlemission. Sie unterscheidet sich nur geringfügig von der zweiten Deutschen Raumfahrtmission, D-2, an der ich vom 26. April bis 6. Mai 1993 teilnahm. Der einzig wichtige Unterschied besteht in der wesentlich höheren Inklination (D-2 nur 28,5°). Mit der höheren Inklination überstreicht diese Mission einen viel größeren Bereich der Erde und zwar alles zwischen dem Breitengrad 56,9° Nord (Kanada, Südschweden, Südsibirien, Kamtschatka) und 56,9° Süd (Kap Hoorn, Kapstadt, Australien und Neuseeland). Das sind über 90% der gesamten Landfläche der Erde!

Wie gesagt, eine hypothetische Mission. Denn genauso wie bei privaten Bildern zu Hause, sind nach einer wirklichen Mission vielleicht nur 10% beeindruckend, wovon nur jedes fünfzigste es wert ist, in einen Bildband aufgenommen zu werden. Trotz der etwa 5000 auf der D-2 Mission geschossenen Bilder blieben da gerade einmal 10-20 Bilder übrig, die wirklich Klasse hatten. Das ist zu wenig, um einen Flug nachzuerzählen. Aber warum auch? Das NASA-Bildarchiv hat zu jedem der bisher über 80 Shuttleflüge etwa 5000 Bilder gespeichert. Das macht zur Zeit ungefähr 400.000 Bilder! Wenn davon nur jedes 500ste Bild wirkliche Klasse hat, dann bleiben am Ende immer noch 800 und das reicht allemal.

Eine gute Zusammenfassung der D-2 Mission findet man in der Sonderbeilage D-2 Mission: Deutschlands Expedition ins All, der Zeitschrift Bild der Wissenschaft, Ausgabe März 1993

Warum? Wegen der Inklination, also des Anstellwinkels der Bahnebene zum Äquator, gibt es einen nördlichsten Punkt und einen südlichsten Punkt auf dem Erdball, den das Shuttle auf einer Umrundung überfliegt. Der Breitengrad dieser Extrempunkte entspricht dabei genau dem Inklinationswinkel der Flugbahn. Da sich die Erde bei allen weiteren Umrundungen einfach nur unter dem Shuttle hindurchdreht, überstreicht das Shuttle dann alle Bereiche, die zwischen diesem nördlichsten und südlichsten Breitengrad liegen. Je größer also die Inklination, um so mehr sieht man von der Erde!

Augen eines

Ich habe also das gesamte NASA-Bildarchiv mit den Shuttleflüge bis Oktober 1992 – und meine eigenen natürlich – nach den besten Bildern durchgesehen. Das Ergebnis ist eine private Sammlung der besten 1300 Shuttlebilder, wovon wiederum die circa 150 allerbesten in diesem Buch gezeigt sind.

Die von Astronauten geschossenen Bilder von Shuttlemissionen haben im Vergleich zu bekannten Satellitenaufnahmen einen gravierenden Vorteil: Es sind "echte" Bilder, Bilder wie sie das Auge wahrnimmt. So sieht für einen Menschen die Erde von oben aus! Und damit beim Betrachten der Bilder genau der gleiche Eindruck entsteht, wie wenn ein Astronaut durch die Shuttlefenster auf die Erde blickt, wobei die Erde vor der unendlichen Schwärze des Weltraums erstrahlt, sind die Bilder auf schwarzem Hintergrund abgebildet.

Demgegenüber werden die Farben von Satellitenbildern üblicherweise aus wissenschaftlich orientierten Spektralkanälen gewonnen, weshalb die so entstandenen Bilder immer und verständlicherweise einen künstlichen Eindruck machen.

Ich habe alle Bilder aus einer charakteristischen Region zusammengefasst. So ergaben sich insgesamt 20 Regionen der Erde. Diese Regionen möchte ich Ihnen in einer Reihenfolge präsentieren, die in etwa dem Überflug des Shuttles bei einer Erdumkreisung entspricht. Alles, was nicht in diese Kategorien passte, habe ich zu vier Sonderthemen zusammengefasst: „Eiswüsten", „Sandwüsten", „Nächtliche Lichterspiele" und „Atmosphärisches".

Jede der Regionen und jedes der Sonderthemen hat einen eigenen Reiz und Charme. So ist für die Karibik das Farbenspiel der Blautöne des Meeres charakteristisch, das durch die vielen Korallenbänke bestimmt wird. Der Regenwald des Amazonas ist ein Gigant in Grün und in der Nacht zeigt sich die menschliche Zivilisation durch das Lichtermeer der Städte von ihrer glänzendsten Seite. Den Eindruck und die Stimmung, die sich bei mir beim Überfliegen der einzelnen Regionen einstellte, habe ich vor jeden Bildabschnitt in einer kurzen Einführung beschrieben.

Die Astronauten sind typischerweise mit folgenden Kameras und Filmen ausgerüstet:

® HASSELBLAD 500 EL/M,
Format 70 mm, mit Winder,
NASA modifiziert,
Objektive:
ZEISS 40 mm, ZEISS 50 mm,
ZEISS 100 mm, ZEISS 250 mm

® LINHOF AERO TECHNIKA 45,
Format 100 x 120 mm, mit Winder,
NASA modifiziert
Objektive:
LINHOF 90 mm, LINHOF 250 mm

® NIKON F4, Format 35 mm,
mit Winder, NASA modifiziert
Objektive:
NIKON 15, 20, 28, 35–70, 50, 55,
180, 300, 1000 mm AF

Die Shuttle-Astronauten schießen die Bilder der Erde freihändig durch die Sichtfenster. Hier U. Walter mit einer Hasselblad auf der D-2 Mission.

dazu
® ARRIFLEX Filmkamera,
NASA modifiziert
® CANON A1 Camcorder,
NASA modifiziert

Filme:
Verschiedene Diafilme von KODAK,
AGFA, FUJI in etwa 75 Fotomagazinen
für insgesamt 5500 Bilder.

Bild-Register

östliche Länge von Greenwich
15°
0°
15°
30°
45°
60°
75°
90°
105°
120°
135°
150°
165°
180°
75°
60°
45°
30°
15°
0°
15°
30°
45°
60°
75°
1
2
3
4
5
6
7
8
10
11
12
13
14
15
16
17
18
19
20
21
22
23
24
25
26
27
28
29
30
31
32
33
35
36
37
38
39
40
41
42
43
44
45
46
47
48
49
50
51
52
53
54
55
57
58
59
60
61
62
63
64
65
66

		Längengrad	Breitengrad	Seite
• 67	Antarktis	56,7°S	54,3°W	26
• 68	Argentinien	49,5°S	73°W	28/29
• 69	Bahamas	25°N	77°W	102 oben
• 69	Bahamas	26,5°N	77,5°W	102 Mitte
• 70	Bolivien	20°S	67,5°W	110
• 71	Bolivien	23,5°S	68,5°W	106/107
• 72	Brasilien	10,6°S	61°W	108 links
• 73	Brasilien	20,1°S	46,6°W	56/57
• 74	Brasilien	3°S	60°W	108/109
• 75	Chile	20°S	69,5°W	110
• 76	Chile	47°S	74°W	111
• 77	Galapagos Inseln	0,5°S	91°W	150/151
• 78	Gesellschaftsinseln	16,5°S	151,5°W	148
• 79	Grönland	65°N	45°W	26/27
• 80	Mexiko	19,5°N	103,5°W	105
• 80	Mexiko	19,5°N	99°W	75
• 81	Mexiko	31,5°N	114,5°W	104
• 82	Nicaragua	12°N	86,5°W	104
• 83	Paraguay	24,3°S	57°W	109
• 84	Pazifischer Ozean	18,9°N	140,1°O	54/55
• 84	Pazifischer Ozean	21,9°N	139,5°W	56 unten
• 85	Peru	16,5°S	70,5°W	110
• 86	Tuamotu	15,7°S	146,7°W	148
• 87	Turks & Caicos Inseln	22,5°N	75,1°W	103
• 88	USA, Alaska	60°N	141°W	31
• 89	USA, Florida	26°N	82,5°W	100 links
• 89	USA, Florida	28,5°N	81,5°W	100 rechts
• 90	USA, Hawaii	28,5°N	167°W	57
• 91	USA, Kalifornien	37,5°N	119°W	101 rechts
• 91	USA, Kalifornien	38°N	122°W	101 links
• 92	USA, Louisiana	29,5°N	89,5°W	100
• 93	USA, Massachusetts	41,5°N	70°W	100
• 94	USA, Utah	39°N	110,2°W	101 Mitte
• 94	USA, Utah	41,2°N	112,8°W	101 unten
• 95	USA, Virginia	37,3°N	76°W	89/99

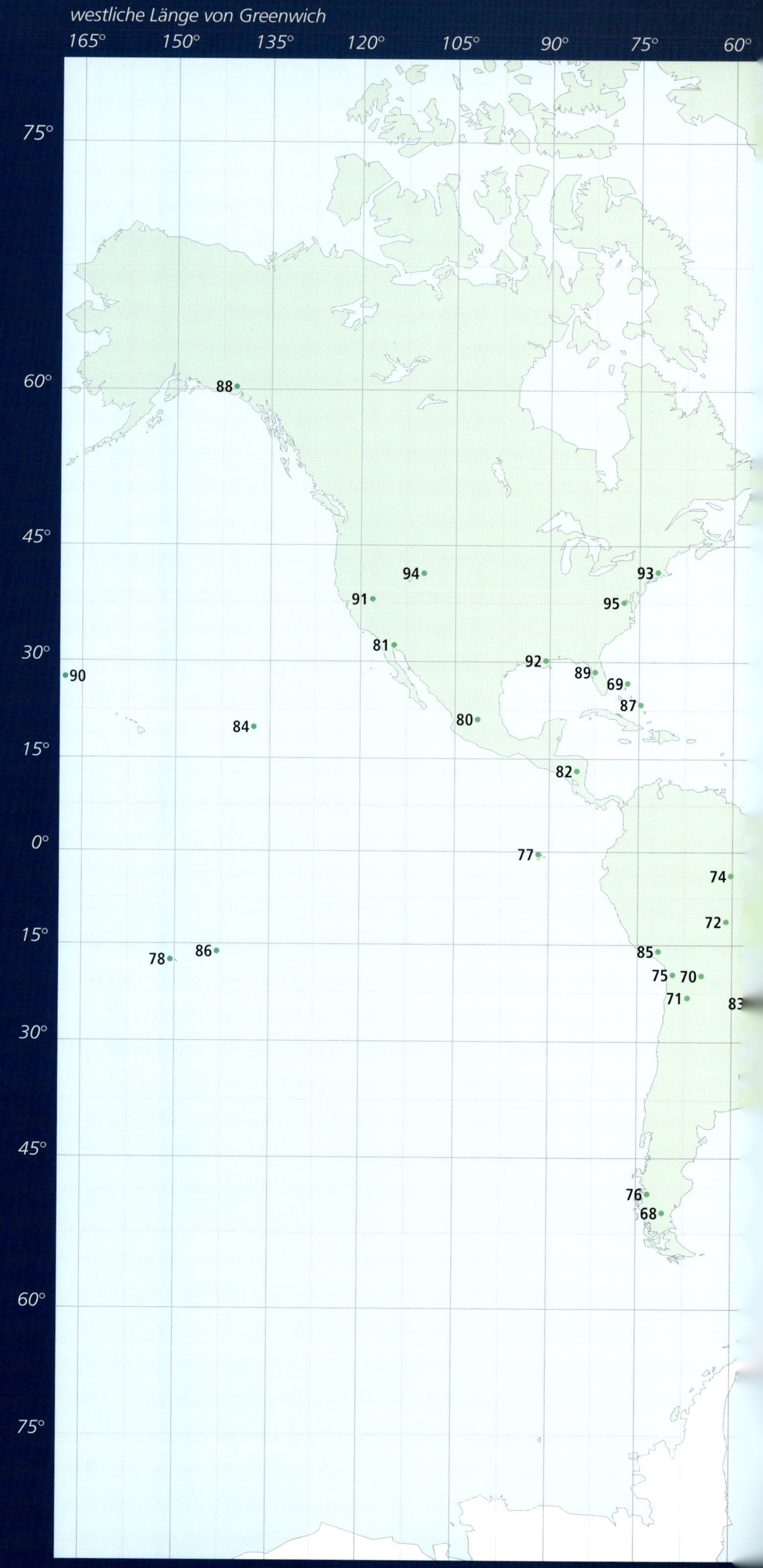

Glossar

Abk.	Bedeutung
CACO	**Casualty Assistance Control Officer** Vertrauensperson und Ansprechpartner aus dem Boden-Astronautenteam, der im Falle ernster Schwierigkeiten der Familie beisteht und sich beim Todesfall um die Abwicklung der rechtlichen Aufgaben kümmert.
CEIT	**Crew Equipment Integration Test** Übungen auf dem KSC, in denen sich die Astronauten-Crew mit speziellen Shuttleausrüstungen vertraut macht.
COF	**Columbus Orbiting Facility** Geplantes Forschungsmodul der ESA an der zukünftigen Internationalen Raumstation.
CTV	**Crew Transfer Vehicle** Spezialbus, der bis zu acht Astronauten zur Startrampe transportiert. Die im Bus eingebauten Stickstoffkühler werden über Schläuche mit den LES der Astronauten verbunden und kühlen so die ansonsten luftundurchlässigen und unerträglich heißen Schutzanzüge.
DFD	**Deutsches Fernerkundungs-Daten-Institut** der DLR, das das deutsche Satellitenbildarchivzentrum beherbergt.
DLR	**Deutsches Zentrum für Luft- und Raumfahrt** mit Hauptsitz in Köln/Porz. Zentrale bundesdeutsche Einrichtung für Luft- und Raumfahrt.
EMU	**Extravehicular Mobility Unit** Weißer Raumanzug für Raumspaziergänge, der vor kleinen Meteoriteneinschlägen und UV-Licht schützt.
ESA	**European Space Agency** Europäische Raumfahrtagentur mit Hauptsitz in Paris.
EST	**Eastern Standard Time** Zeitrechnung an der Ostküste der USA.
EVA	**Extra Vehicular Activity** Raumspaziergang in einem Spezial-Raumanzug EMU, der über eine Leine mit dem Shuttle verbunden bleibt. Bei einer EVA mit MMU kann der Astronaut frei im Weltraum schweben.
GEO	**Geostationary Orbit** Kreisförmige, geostationäre Erdumlaufbahn in 36 000 km Höhe.
GPS	**Global Positioning Systems** Globales Positions- und Navigationssystem, z.B. für Schiff, Flugzeug oder Auto.
IAF	**International Astronautical Federation** Internationale Astronautenvereinigung.
JSC	**Johnson Space Center der NASA** NASA-Einrichtung für Missionskontrolle und Sitz der Astronauten in Houston, Texas.
KSC	**Kennedy Space Center der NASA in Florida** NASA-Einrichtung für Wartung und Start des Shuttles.
LCC	**Launch Control Center** Kontrollzentrum für den Start am KSC.
LEO	**Low Earth Orbit** Niedrigste Erdumlaufbahnen in 200–5500 km Höhe.
LES	**Launch and Entry Suit** Orangeroter Raumanzug für Start und Landung. Er schützt den Astronauten vor Rauchvergiftung, Kälte, Sauerstoffmangel und zu geringem Luftdruck.
MECO	**Main Engines Cut-Off** Abstellen aller drei Hauptantriebswerke.
MEO	**Medium Earth Orbit** Mittlere Erdumlaufbahnen zwischen 5500 und 36 000 km Höhe.
MMU	**Manned-Maneuvering-Unit** Überdimensionaler Tornister mit Düsenantrieben, mit dem sich der Astronaut frei und ungehindert im Weltraum bewegen kann.
MSFC	**Marshall Space Flight Center der NASA in Huntsville, Alabama** NASA-Einrichtung für die Shuttle-Nutzlasten.
NASA	**National Aeronautics and Space Administration mit Hauptsitz in Washington, DC.** Nationale Luft- und Raumfahrtorganisation der USA.
O&CF	**Orbiter and Checkout Facility** Gebäude auf dem KSC, in dem die ins Weltall zu befördernden Nutzlasten wie Satelliten oder Spacelabs ein letztes Mal geprüft werden. Im O&CF befinden sich auch die Quarantäneräume.
OFK	**Official Flight Kit** Beutel, in dem jeder Astronaut 10 Erinnerungsstücke öffentlicher Institutionen, wie z.B. Wimpel oder Flaggen, ins All mitnimmt.
OMS	**Orbital Maneuvering Subsystem** Orbitaltriebwerke
PPK	**Personal Preference Kit** Beutel von 5x13x20 cm Größe, in dem 20 private Objekte mit ins All genommen werden können. Nur zwei der Gegenstände dürfen dem Astronauten gehören.
RKA	**Russkij Kosmitscheski Agenzij** Russische Raumfahrtorganisation.
SAS	**Space Adaption Syndrome** Weltraumanpassungssyndrom, das oft von Übelkeit und Kopf- und Rückenschmerzen gekennzeichnet ist.
SLF	**Shuttle Landing Facility** Shuttle-Landeeinrichtung bzw -Landebahn, die sich nur wenige Kilometer neben den beiden Startrampen des KSC befindet.
SRB	**Solid Rocket Booster** Feststoffrakete des Shuttles.
SSN	**Space Surveillance Network** Weltraumüberwachungssystem der USA, das Trümmerteile und andere Objekte registriert und katalogisiert.
SSS	**Space Surveillance System** Russisches Weltraumüberwachungssystem.
STA	**Shuttle Training Aircraft** Shuttle-Trainingsflugzeug, das die Flugcharakteristik eines Shuttles aufweist. Der Pilot muss dabei wie beim wirklichen Shuttleflug den luftdichten Raumanzug tragen.
TCDT	**Terminal Countdown Demonstration Training,** in dem die letzten zwei Tage und die letzten Stunden vor dem Start bis ins letzte Detail geprobt werden.
USS	**Unique Support Structure** Nutzlastbucht des Shuttles, hinter dem Spacelab, wo weitere, automatisierte Experimente stattfinden.
VAB	**Vehicle Assembly Building** Gebäude, in dem das Shuttlesystem in senkrechter Position zusammengebaut wird. Das VAB ist der größte umbaute Raum der Welt.
WETF	**Weightless Environment Training Facility** Einrichtung, in der unter Wasser EVA trainiert werden kann.

Literatur zum Thema Weltraum

Eine persönliche Auswahl

Bildbände von Astronauten

- **Der Heimatplanet, Kevin W. Kelly, Verlag Zweitausendeins, Frankfurt, 1989, ISBN 0-201-15197-9. Deutsch**
Dieser Band beschränkt sich ausschließlich auf Bilder der Erde, aufgenommen und unterlegt mit kurzen Zitaten von Astronauten und Kosmonauten der Association of Space Explorers, der Vereinigung aller jemals geflogenen Raumfahrer. Ein Klassiker der Weltraumbildbände.

- **The Greatest Adventure, E. Gibson (Hrsg.), Verlag C. Pierson, Sydney, 1994, ISBN 0-947068-19-8. Englisch**
In diesem zweiten Bildband der Vereinigung Association of Space Explorers erzählen Raumfahrer aller Generationen in 58 kurzen Geschichten Erlebnisse von ihren Flügen, begleitet von beeindruckenden Bildern ihrer Missionen.

- **Orbit, J. Apt, H. Helfert, J. Wilkinson, National Geographic Society, 1996. ISBN 0-7922-3714-5 (reguläre Ausgabe), ISBN 0-7922-3715-3 (Luxusgabe). Englisch**
In diesem erst kürzlich erschienenen Bildband vom Astronauten Jay Apt und der National Geographic Society wurden ausgewählte Shuttle-Aufnahmen der Erde elektronisch so nachbehandelt, dass exzellente Bilder unserer Erde entstanden, wenn auch mit leichten Farbverschiebungen, die zwar eindrucksvoll aber doch nicht ganz natürlich sind. Ein Muss für anspruchsvolle Freaks.

- **Entering Space, Joseph P. Allen, Verlag Stewart, Tarbori & Chang Inc., 1986 (3. Edition), ISBN 0-941334-76-1. Englisch**
J. Allen, Astronaut von zwei Shuttle-Flügen, erzählt in neun Kapiteln seine Eindrücke vom Leben im All, von Raumspaziergängen, den Apollo-Flügen und von Start und Landung einer Shuttle-Mission. Ein Buch mit einzigartigen Bildern in hervorragender Qualität.

- **The View from Space, Ron Schick and Julia van Haaften, Verlag Clarkson N. Potter Inc., 1988, ISBN 0-517-56082-8. Englisch**
Sechzehn amerikanische Astronauten-Veteranen, von Mercury bis Apollo, kommentieren in wenigen Zeilen atemberaubende Bilder ihrer Missionen. Für visuelle Ästheten stimmt an diesem Buch alles: Die Qualität der Bilder und ein perfektes modernes Layout. Mein Lieblingsbuch.

Bildbände von Nicht-Astronauten

- **Unser Wunderbarer Planet, Payson R. Stevens, Kevin W. Kelly, Franckh-Kosmos Verlag, 1992, ISBN 3-440-06486-7. Deutsch**
Stevens, Wissenschaftler der NASA, und Kelly, Buchautor von „Der Heimatplanet", mischen wissenschaftliche Darstellungen mit Satellitenaufnahmen und mit Bildern aus dem Shuttle, um dem Leser die verschiedenen Facetten der Erde näher zu bringen. Sie beschreiben die Auswirkungen menschlicher und natürlicher Einflüsse, wie Vulkanausbrüche, auf die Erde. Alle Bilder in bester Qualität und mit genauen Erklärungen.

- **Portrait unseres Planeten. Satellitenbild-Atlas, Priscilla Strain und Frederick Engle, Westermann Verlag, Braunschweig, 1994, ISBN 3-07-509279-7. Deutsch**
Geordnet nach geographischen Kriterien, ansonsten aber sehr ähnlich wie "Unser Wunderbarer Planet", zeigen die Geologin Strain und der Geograph Engle an Hand von fast ausschließlich Satellitenbildaufnahmen die Besonderheiten jeden Kontinents. Alle Bilder sind ausführlich beschrieben und ihre Lage auf separaten Karten übersichtlich dargestellt.

- **Satellitenbild-Atlas Deutschland, R. Winter und L. Beckel (Hrsg.), RV Verlag, Berlin, 1991, ISBN 3-575-11765-9. Deutsch**
Ein Atlas voll mit Satellitenkarten, also Satelliten-Farbbildern, die so präzise aufgearbeitet wurden, dass sie als genaue Karten herhalten können. Mit einer Auflösung von 30 Meter lassen sich nicht nur Felder, sondern auch einzelne Häuserblocks in Städten ausmachen. Ein Bildband für jeden, der schon immer einmal mit dem Zeigefinger auf die Stelle zeigen wollte, wo er wohnt, wo er in den Urlaub fährt, wo er geboren ist ... Einziger Wermutstropfen: Weil die Bilder durch einen wissenschaftlichen Satelliten aufgenommen wurden, erscheinen die Farben nicht ganz natürlich. Städte und manche Felder sind rot und das Meer schwarz oder dunkelviolett wiedergegeben. Trotzdem, Bilder der Erde ohne ihresgleichen.

- **Space Places, Roger Ressmeyer, Verlag Collins Publishers, San Francisco, ISBN 0-00-215732-2. Englisch**
Roger Ressmeyer, Astronom und Freund der Raumfahrt, betrachtet das Thema weniger aus der Sicht eines Astronauten, der bereits geflogen ist, sondern aus der eines zu Hause gebliebenen. Er berichtet von raumfahrttechnischen Einrichtungen und zeigt den Blick durch das Fernrohr. Seine Bilder bestechen durch Perfektion und Liebe zum Detail.

Bücher von Astronauten

- **Erlebnis Weltraum, Sigmund Jähn, Militärverlag der DDR (VEB), 1983, ISBN 3-327-00710-1. Deutsch. Vergriffen.**
  Dieses Buch muss man mit anderen Augen lesen. Lässt man die unvermeidliche Propaganda beiseite, die sicherlich nicht aus Sigmunds Feder stammt (dazu kenne ich ihn zu gut), dann ergibt sich ein interessanter, wenn auch stark fachlich geprägter Einblick in die Auswahl, Training, Start, Flug und Landung des ersten Raumfluges mit deutscher Beteiligung. Details werden anhand sorgfältiger, übersichtlicher Skizzen erklärt. Allein, die Bildqualität der Farbfotos lässt zu wünschen.

- **Flug ins All, Ulf Merbold, Lübbe Verlag, 1988, ISBN 3-7857-0502-6. Deutsch. Vergriffen.**
  In 16 Kapiteln, 350 Seiten und gelegentlichen Bildern erzählt Merbold seine persönlichen Eindrücke vom Start, von der Mission und der Rückkehr seines ersten Fluges im Jahre 1983, aber auch wie er Astronaut wurde und wie es danach weiter ging. Er mischt dies unterhaltsam mit technisch-wissenschaftlichen Details von Experimenten im Raumlabor und anderen Geschichten an Bord des Shuttles. Diese Mischung lässt nie Langeweile aufkommen, sodass für jeden etwas dabei ist.

- **D1 – Unser Weg ins All, U. Merbold, R. Furrer, E. Messerschmid, W. Ockels, H.-M. Hahn, G. Siefarth, Westermann Verlag, 1985, ISBN 3-07-508886-2. Deutsch. Vergriffen.**
  Eigentlich müsste es das Astronautenbuch der Deutschen sein, da alle namhaften deutschen Astronauten der ersten deutschen Flüge daran mitgewirkt haben. Das ist es aber nie geworden. Es ist ein Buch über die Fakten der ersten bemannten deutschen Raumfahrtmission D1: über das Raumlabor, die Experimente, das Training, das Shuttle und die Boden-Shuttle Kommunikation. Das Ganze etwas nüchtern und schmucklos dargestellt.

- **Eine Frau an Bord der Raumfähre Discovery, Roberta Bondar (aus dem Englischen von Anita Ehlers), Verlag Frederking & Thaler, München 1997, ISBN 3-89405-363-1. Deutsch.**
  Roberta Bondar, Biologin und erste Kanadierin im Weltraum, erzählt gefühlvoll von ihrer Kindheit, ihren Eindrücken vom Flug, über die daraus resultierenden Gedanken über die Erde, deren Zukunft und die Eingriffe des Menschen in die Natur.

Bücher von Nicht-Astronauten

- **Geschichte der Raumfahrt, Werner Büdeler, Sigloch Edition, 1982, ISDN 3-8003-0132-6. Deutsch.**
  Ein umfassendes Kompendium der Raumfahrt. Von den ersten philosophischen Überlegungen der Griechen, über die ersten praktischen Träumereien (J. Vernes) und Versuche (Ziolkowski, Oberth), bis zu den Shuttle-Flügen. Ein Buch mit zahlreichen historischen Bildern, 500 Seiten Wissen pur. Ein Buch von einem Kenner für Kenner.

- **Jahrtausendprojekt Mars, Jesco v. Puttkamer, Verlag Langen Müller, 1996. ISBN 3-7844-2571-2. Deutsch**
  In diesem seinen jüngsten Buch beschreibt Jesco v. Puttkamer, der deutsche Manager der NASA für strategische Raumfahrtprogramme, in eindringlicher und stringenter Weise das nächste große Ziel der bemannten amerikanischen Raumfahrt: Der Flug zum Mars. Puttkamer erweist sich aufs Neue als ein Vorkämpfer für die zukünftige bemannte Raumfahrt. Raumfahrt als ein Unternehmen aller Völker und als kulturelle Pflicht der Menschheit.

Bücher für Kinder und Jugendliche

- **Abenteuer Raumfahrt, Tessloff Verlag, 1996, ISBN 3-7886-0778-5, Alter: 8-18 Jahre**
  Ein Buch, das Raumfahrt einfach erklärt und Themen wie Flugbahnen, Antriebe, Satelliten, Raumfahrtberufe und den Nutzen der Raumfahrt (Fernsehsatelliten, Astronomie, Raumstation) anspricht. In humorvollen, einfachen Darstellungen werden die grundlegenden Fakten der Raumfahrt erläutert. Auch für Erwachsene, die sich nicht so sehr mit der Technik auseinander setzen.

- **Tim als Astronaut, Verlag Schwager und Steinlein GmbH, 1993, Alter: 3–8 Jahre**
  Dieses kleine Bilderbuch erzählt die Geschichte von Tims Traum als Shuttle-Astronaut in den Weltraum zum Planeten Rubor zu fliegen. Dabei lernen er und sein Hund Purzel die Schwerelosigkeit und die Gefahren von Meteoriten kennen. Eine liebenswerte, aber auch peppige Geschichte.

space night

All-Tag nachts im Bayerischen Fernsehen

space night

Information und Unterhaltung mit Astronauten auf dem Fahrrad, Off-Road auf dem Mond und Purzelbäumen bei 28 000 km/h.

space night

Bilder vom wunderbaren verwundbaren blauen Planeten.

space night

Gedreht von berühmten Kameraleuten wie Neil Armstrong auf dem Mond, Thomas Reiter in der MIR und **Ulrich Walter,** Autor dieses Buches, im Space-Shuttle.

space night

Die Geschichte der Raumfahrt aus den Archiven der NASA und die Visionen von der Zukunft im All.

space night

Live dabei beim Start der ARIANE-Rakete.

space night

Die Kult-Nacht - von Programmende bis 6 Uhr früh im Bayerischen Fernsehen über Antenne, Kabel und ASTRA.

„Die schönste Serie, die es zur Zeit im deutschen Fernsehen gibt." ***Der Spiegel***

„Der durchgeknallteste Clip des Jahres."
„Es ist Fernsehen als Erlösung vom Fernsehen." ***Süddeutsche Zeitung***

„Sie wollen die Nacht dazu nutzen, wozu sie geschaffen ist: zum Träumen." **TAZ**

„Der Zuschauer genießt eine völlig neue Sicht der Erde." **MAX**

Impressum

Die Deutsche Bibliothek – CIP-Einheitsaufnahme

In 90 Minuten um die Erde:
Der große Bildband mit den schönsten Fotos der Erde aus dem Weltraum / Ulrich Walter.
– Würzburg : Stürtz, 1997
ISBN 3-8003-0876-2

Lektorat: Dieter Krause

Buchgestaltung:
Matthias Kneusslin, hoyerdesign, Freiburg
Satz: ab.satz, Freiburg
Repro: Rete GmbH, Freiburg
Druck und Verarbeitung: Universitätsdruckerei H. Stürtz AG, Würzburg
ISBN 3-8003-0876-2

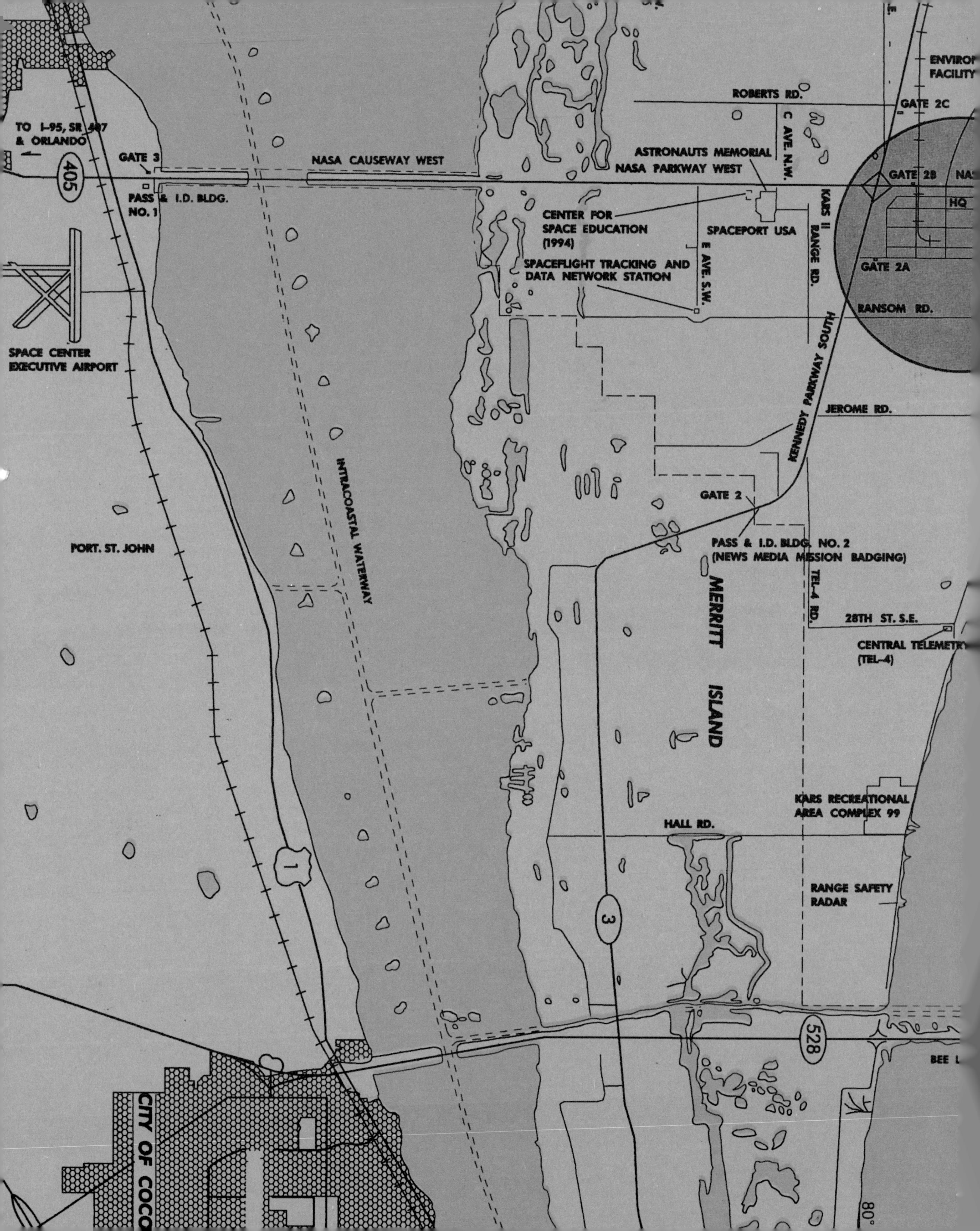
ENVIRO
FACILITY
ROBERTS RD.
GATE 2C
TO I-95, SR 407 & ORLANDO
405
GATE 3
NASA CAUSEWAY WEST
ASTRONAUTS MEMORIAL
NASA PARKWAY WEST
C AVE. N.W.
GATE 2B
NA
HQ
PASS & I.D. BLDG. NO. 1
CENTER FOR SPACE EDUCATION (1994)
SPACEPORT USA
KARS II RANGE RD.
SPACEFLIGHT TRACKING AND DATA NETWORK STATION
E AVE. S.W.
GATE 2A
RANSOM RD.
SPACE CENTER EXECUTIVE AIRPORT
KENNEDY PARKWAY SOUTH
JEROME RD.
INTRACOASTAL WATERWAY
GATE 2
PORT. ST. JOHN
PASS & I.D. BLDG. NO. 2 (NEWS MEDIA MISSION BADGING)
MERRITT ISLAND
TEL-4 RD.
28TH ST. S.E.
CENTRAL TELEMETRY (TEL-4)
KARS RECREATIONAL AREA COMPLEX 99
HALL RD.
1
RANGE SAFETY RADAR
3
528
BEE L
CITY OF COCO
80°